Rebecca Rosing

Die Einfachheit des Seins

REBECCA ROSING

Die Einfachheit des Seins

Mein Weg
zu einer neuen
Medialität

KAILASH

FSC
Mix
Produktgruppe aus vorbildlich
bewirtschafteten Wäldern und
anderen kontrollierten Herkünften
Zert.-Nr. GFA-COC-001262
www.fsc.org
© 1996 Forest Stewardship Council

Verlagsgruppe Random House FSC-DEU-0100
Das für dieses Buch verwendete FSC-zertifizierte Papier EOS
liefert Salzer, St. Pölten.

1. Auflage
Originalausgabe

Satz: EDV-Fotosatz Huber/Verlagsservice G. Pfeifer, Germering
Druck und Bindung: Pustet, Regensburg
Printed in Germany
978-3-424-63006-0

www.kailash-verlag.de

uns fremden Welt sind, dann gehen wir nur einen kleinen Schritt hinein in ein Grenzgebiet zwischen den Welten und dringen keineswegs vor in das, was sich hinter dieser Grenze befindet. Wenn wir also realistisch bleiben wollen, tun wir gut daran, uns über die derzeitigen Möglichkeiten unseres Bewusstseins im Klaren zu sein und mit einer gewissen Nüchternheit an die Erkenntnisse heranzugehen, die wir durch unsere Erfahrungen, die Aussagen anderer oder durch Bücher gewinnen.

Die Geistige Welt umfasst ein immenses Spektrum an Seinsformen, an das man sich nur langsam herantasten kann, um sich dann auch nur Bruchteilchen dessen erschließen zu können, was dort alles existiert. Die Freude darüber, mit geistigen Wesen in Kontakt zu stehen, ist verständlich sowie auch die Neugier bezüglich dessen, was es in deren Welt noch alles gibt. Doch gerade in dieser Welt, deren Gesetzmäßigkeiten man noch nicht kennt und wahrscheinlich auch noch gar nicht erfassen kann, besteht die Gefahr, sich zu verlieren, weil man fasziniert davon ist, sich mit seiner Wahrnehmung über die Grenzen unserer Welt hinwegbewegen zu können. Die Bilder und Gefühle, die einem vermittelt werden, können sehr beeindruckend sein, sie können ein Wohlgefühl hervorrufen oder auch das Gefühl, etwas erfahren zu dürfen, was andere nicht wissen. Es ist nachvollziehbar, dass man dies nur ungern wieder loslässt. Doch gerade dieses Loslassen könnte dazu führen, sich für das zu öffnen, was vor allem für die eigenen inneren Möglichkeiten der Wahrnehmung wahrhaftig ist, durch die wir uns selbst alle Antworten geben können, die wir brauchen.

Mit unserer Feinfühligkeit können wir die Wahrhaftigkeit des Augenblicks wahrnehmen sowie uns selbst und alles um uns herum auf einer tiefgründigeren Ebene verstehen lernen. Wir können unsere Medialität nutzen, um selbst die Stimmigkeit in allem, was ist, was war und was werden kann, zu spüren und wahrzunehmen. In diesem Moment brauchen wir keine Wesen aus der Geistigen Welt, da wir alle Antworten in uns selbst finden. Wir alle haben jederzeit die Wahl, ob wir unsere Sinne nutzen möchten, um in Kontakt zu Wesen zu stehen, deren wahre Identität unklar ist, oder um zu uns selbst und zu unseren eigenen Ressourcen zu finden. Dies würde beinhalten, bei sich zu bleiben und seine Aufmerksamkeit nach innen zu richten. Wozu sollten wir also andere fragen, wenn wir lernen können, alles, was für den Augenblick wichtig ist, aus uns selbst heraus zu erfahren?

Die Erkenntnis der Wahrhaftigkeit dessen, was einem aus der Geistigen Welt geboten wird, ist wie ein Erwachen aus einer berauschenden Illusion, der man sich hingegeben hat. In dem Moment, in dem wir uns öffnen für das, was wirklich ist, gelangen wir in unsere Klarheit und Präsenz im Hier und Jetzt. Darin können wir unsere Medialität nutzen, um zwischen Illusion und Wahrheit zu unterscheiden sowie um in uns die Essenz unserer eigenen Weisheit zu finden. Dabei verliert die Geistige Welt ihre Faszination und Anziehungskraft, da wir unabhängig von ihr und ihren Wesen die Wahrheit spüren können.

Inhalt

Die Welt mit anderen Augen sehen 7

Die Geistige Welt 11
Spiele mit der Geistigen Welt 13
Die unendlichen Weiten der Geistigen Welt .. 18
Meine Ausbildung in der Geistigen Schule ... 21

Verbundenheit und das ozeanische Gefühl...... 25

Gefühle teilen und heilen 31

Das verstimmte Klavier 38

Das Gesetz der Resonanz 42

Anderssein ist wie Alleinsein 45

Der Leidenschaft folgen 51

Das Steinespiel 58

ReSource 63

Aus Spiel wird Wirklichkeit 75

TCM – Ein ungewöhnliches Praktikum 88

Ein besonderer Abend 99

Ecuador 105
Die eigene Kraft und Macht annehmen 109
Loslassen 115
In seiner Kraft sein 117

Nachts um vier 123

Lichtnahrung 135

Ein Seminar in Medialität 138
Die Suche im Außen 140
Kontakt zu geistigen Wesen 147

Von der Schülerin zur Lehrerin 158

Eine neue Medialität 163
Der innere Kompass 166
WahrFühlen – WahrSehen 170

Leuchten 178

Erleuchtung 183

Satsang 196

Dogmen und Traditionen 206

Licht und Liebe von außen 213

InSource 220

Der Weg in die Einfachheit des Seins 222

Die Welt mit anderen Augen sehen

Solange ich denken kann, erlebe ich die Welt anders als andere Menschen, denn ich spüre meine eigenen Gefühle und die von anderen Menschen nicht nur sehr intensiv, sondern sehe sie auch in Farben, Formen, und ich höre ihre Klänge. Spricht jemand zum Beispiel liebevoll und aus einem offenen Herzen über eine Person, dann sehe ich ein angenehmes und warmes Dunkelgrün, das durch eine trichterförmige Öffnung ausströmt. Es ist spannend zu beobachten, wie sich dann im Lauf eines Gesprächs die Formen und Farben fließend verändern. Spricht nämlich derselbe Mensch anschließend von jemandem, den er nicht mag, schließt sich die Öffnung, kann hart und dann zu einem Panzer werden.

Diese Art der Wahrnehmung ist für mich schon immer so selbstverständlich wie für andere Menschen, einen Baum oder eine Blume zu sehen. Ich sehe den energetischen Verlauf von Gefühlen im Körper und außerhalb des Körpers nicht nur durch meine inneren Sinne, sondern mit meinen Augen. Mit ihnen sehe ich feinstoffliche Vorgänge ebenso deutlich und klar wie alles Physische um mich herum. Das macht mein Leben zu einer intensiven Sinneserfahrung, die mich sehen und spüren lässt, was Menschen augenblicklich in ihrem Inneren bewegt. Seit ich denken kann, erlebe ich dies als ein großes Abenteuer, in das ich mich immer wieder aufs Neue voller Faszination und Freude hineinbegebe. Ich kann mir nicht vorstellen, ohne diese Wahrnehmung zu sein, und genieße sie jeden Tag in all ihren spannenden Facetten.

Stellen Sie sich das Ganze wie in einem Comic oder Cartoon vor. Darin werden Symbole verwendet, um die Gefühle der Comicfiguren hervorzuheben und zu verstärken. Wenn eine Comicfigur zum Beispiel einen Geistesblitz hat, dann leuchtet eine Glühbirne über ihrem Kopf, so als würde ihr ein Licht aufgehen. Wenn sie wütend ist, zeigt man dies zusätzlich durch eine Rauchwolke, und wenn die Person verliebt ist, erscheinen Herzchen um sie herum. Wenn mir Verliebte begegnen, sehe ich natürlich keine Herzchen, aber eine rosa Verdichtung, die von der Brust bis über den Kopf hinwegreicht. Es sieht aus wie ein rosa Schleier, der es den Verliebten schwer macht, wirklich klar zu sehen.

So wie der Leser die Symbole des Comics deuten muss, musste auch ich lernen, die Farben und Formen zu deuten, die ich sehe. Sie sind so komplex, wie Gefühle eben sind, und nicht jede Verliebtheit ist gleich. Wenn zum Beispiel ein Mensch in das Verliebtsein verliebt ist, dann sehe ich gelbe Pünktchen in der rosa Farbe. Oder wenn aus einer Verliebtheit langsam ein tieferes Gefühl von Liebe entsteht, dann verändert sich die Farbe komplett und wird zu einem tiefen Grün. Ich liebe es, all die zarten Unterschiede zu erspüren, wodurch sich meine Wahrnehmung immer weiter verfeinern konnte.

Im Allgemeinen nennt man diese Form des Sehens der feinstofflichen Ebene Medialität. Wir alle haben innere Sinne, mit denen wir diese Ebene spüren, sehen, hören oder gar riechen können. Viele Menschen, die medial spüren können, haben es schwer, sich ihrer Medialität bewusst zu werden, da sie häufig nur mit dem Sehen und Hören in Verbindung gebracht wird. Aber selbst, wenn man weder medial sieht noch hört, kann man die Farben, Formen und Informationen, die sich auf feinstofflicher Ebene zeigen, sehr deutlich spüren. Für mich ist gerade das Spüren mit einem besonderen Genuss und einer unvergleichlichen Tiefe verbunden. Es ist in allen Formen der medialen Wahrnehmung enthalten, das heißt, dass auch das Sehen und das Hören immer mit dem Spüren verbunden sind.

Um die wunderbare Möglichkeit des Erfühlens von Farben und Formen zu betonen, verwende ich für die Wahrnehmung des Feinstofflichen gerne den Begriff Feinfühligkeit. Medialität ist weitaus mehr als das innere Sehen und Hören, und für mich existieren alle Formen der Wahrnehmung gleichberechtigt nebeneinander. Das Spüren ist der Ausgangspunkt, von dem aus sich die medialen Sinne entfalten können. Je tiefer man lernt zu spüren und das Feinstoffliche zu erfassen, je mehr Raum gibt man auch seinen anderen inneren Sinnen, durch die man dann mehr und mehr auch sehen und hören kann.

Mit diesem Buch lade ich Sie ein, an der Entwicklung meiner eigenen Medialität teilzuhaben und die Welt aus meiner Perspektive wahrzunehmen. Durch meine Augen können Sie erkennen, wie tief und klar wir uns selbst und unserem Gegenüber begegnen können, wenn wir unsere inneren Sinne nutzen. In Begleitung meiner Geistigen Lehrer, die mich von klein auf unterrichteten, bin ich in immer tiefere Schichten meines Daseins gelangt und habe gelernt, meine Wahrnehmung auch therapeutisch zu nutzen. Viele der Erkenntnisse, die ich dabei gewinnen durfte, sind Teil des Weges, den ich heute lebe, lehre und in meiner Arbeit als Therapeutin praktiziere. Es ist ein Weg, den jeder von uns gehen kann, um seine Feinfühligkeit frei zu entfalten, seine innere Kraft und Liebe zu entdecken und aus sich selbst heraus zu leben. Seit meiner frühen Kindheit war ich mir meiner Aufgabe bewusst, anderen Menschen diesen Weg zu vermitteln und sie dabei zu begleiten. In der Schilderung meines Lebens und meiner Entwicklung habe ich für dieses Buch diejenigen Stationen und Schritte ausgewählt, die mich zu Erkenntnissen führten, die für Sie und Ihren Weg von Bedeutung sein können. So möchte ich nun in meiner Kindheit beginnen, dort, wo alles begann.

Die Geistige Welt

Als siebtes Kind wurde ich in einer sehr lebendigen Familie in Dänemark geboren. Da ich von Geburt an eine offene Wahrnehmung für die feineren Schwingungen habe, war ich es von Anfang an gewohnt, dass nicht nur viele Menschen, sondern auch meine Geistigen Lehrer um mich herum waren. Ich kannte es nicht anders und lebte von klein auf in dem Gefühl, liebevoll von ihnen begleitet zu werden. Sie waren zu jeder Zeit mit ihrer klaren und ruhigen Präsenz an meiner Seite, und ich genoss meine Verbundenheit mit ihnen. Ich konnte sie sehen, wie ich meine Geschwister sah; sie so deutlich hören wie die Musik aus dem Radio und sie spüren, wie ich meine eigenen Gefühle spürte. Gleichzeitig wusste ich, dass die Menschen um mich herum meine geistigen Freunde nicht wahrnehmen konnten, die für mich immer nur »die Anderen« waren.

Bevor ich sprechen lernte, kommunizierte ich mit ihnen über all meine Sinne. Wir verständigten uns in einem Fluss von Bildern, Gefühlen und Empfindungen, der von einer tiefen Lebendigkeit geprägt war. Diese

Form der Kommunikation entstand aus unserer Verbundenheit heraus und war nicht zu vergleichen mit der Sprache, in der sich meine Eltern und Geschwister an mich wandten. Ich kann mich noch gut daran erinnern, dass ich lange Zeit nicht den Wunsch hatte, mit ihnen zu sprechen, denn ich liebte es, alles um mich herum einfach nur zu beobachten, zu spüren und meine ganz eigene Welt der Wahrnehmungen und Empfindungen zu genießen. Es genügte mir, mich auch mit meiner Familie sehr verbunden zu fühlen. Ich kommunizierte mit ihnen auf meine Art und wollte mich durch Worte nicht einengen lassen, weshalb ich einfach nicht sprach. So genoss ich es, einfach nur da zu sein und mich im Fluss der Geschehnisse innerhalb meiner Familie zu bewegen. Den Informationen, die daraus hervorgingen und die ich vielleicht gerne mit ihnen geteilt hätte, hätten Worte nicht gerecht werden können. Und wenn ich etwas haben wollte, zeigte ich darauf, was aus meiner Sicht genügte, um meine Bedürfnisse zum Ausdruck zu bringen.

Meine Eltern hingegen begannen, sich ernsthaft Sorgen um mich zu machen. Sie befürchteten schon, dass irgendetwas mit mir nicht stimmte. Nach einer Odyssee zu Ärzten und Psychologen stellte sich heraus, dass diese auch nicht wussten, was los war. Im Alter von dreieinhalb Jahren entschloss ich mich dann zur großen Erleichterung meiner Eltern zu sprechen. Ich weiß noch, wie mir bewusst wurde, dass es Zeit war, mich für die Welt zu entscheiden und aktiv daran teilzunehmen, indem ich ihre Art des Kommunizierens annahm.

Spiele mit der Geistigen Welt

Meine Geistigen Lehrer waren für mich wie eine zweite Familie, die parallel zu meiner leiblichen Familie existierte. Sie waren immer für mich da, spielten mit mir, unterrichteten mich und zeigten mir, wie ich mein Potenzial nutzen und entfalten konnte, ohne dabei auf Energien von außen angewiesen zu sein. Der Fokus ihres Unterrichts lag darauf, meine Medialität im Hinblick auf ihre Klarheit und Wahrhaftigkeit immer weiter zu verfeinern. Wie jedes Kind durch das Spielen lernt, ohne sich dessen bewusst zu sein, bemerkte auch ich zunächst nicht, dass ich unterrichtet wurde und mich jeden Tag spielerisch in meiner Wahrnehmung übte. Meine Lehrer holten mich mit unseren gemeinsamen Spielen immer genau dort ab, wo ich stand. Ich liebte es zu spüren, zu erforschen und zu entdecken – und genau das war es, was sie förderten.

Meine Familie gewöhnte sich schnell daran, dass ich es einerseits liebte, mitten im Trubel zu sein, und ich andererseits auch gerne mit mir allein war. Zumindest dachten sie, dass ich allein war, denn eigentlich war ich in die Spiele und die Kommunikation mit meinen geistigen Freunden vertieft. Wenn ich beispielsweise in meinem Zimmer saß, urplötzlich auflachte, vor mich hin murmelte oder fasziniert in eine Ecke schaute, glaubte meine Familie, dass ich mit mir und meiner ausgeprägten Fantasie beschäftigt sei. Dann aber konnte ich mich von einem Moment auf den anderen wieder dem prallen Leben der physischen Welt hingeben, in der ich immerhin acht Mitbewohner hatte, mit denen es viel zu erleben gab.

Meine Geistigen Lehrer spielten mit mir die unterschiedlichsten Spiele, um mich darin zu schulen, sehr klar und genau wahrzunehmen und Energien sehr präzise unterscheiden zu können. Als ich ungefähr drei Jahre alt war, lernte ich das Verwandlungsspiel kennen. Ich saß auf dem Teppich in meinem Zimmer, und alle meine geistigen Spielgefährten zeigten sich in den verschiedensten Gestalten und Outfits, was mir sehr großen Spaß bereitete. Plötzlich sahen sie alle gleich aus und waren in nichts mehr voneinander zu unterscheiden. Ich ließ meinen Blick wandern und erkannte, dass meine Aufgabe darin lag zu erkennen, wer sich hinter welcher Erscheinung verbarg. Ich konzentrierte mich darauf, sie sehr genau wahrzunehmen und voneinander zu unterscheiden. Anhand der Grundschwingung und des Kerns, den jedes Wesen in sich trägt, konnte ich jeden meiner Lehrer klar identifizieren. Dabei lernte ich, mich nicht von äußeren Formen beeinflussen zu lassen und nicht nur meinen Augen zu trauen, sondern mit meiner Wahrnehmung die Schwingungen zu erkennen, die dahinter lagen. Nun begannen sie, immer wieder ihre Erscheinung zu wechseln, und ich konnte gar nicht genug davon bekommen.

Als Kind konnte ich die Bedeutung dieser lustigen Übung noch nicht erahnen. Vieles in der Geistigen Welt ist nicht das, was es zu sein scheint, denn geistige Wesen können innerhalb eines Bruchteils einer Sekunde ihre Erscheinung ändern, wie es ihnen gerade gefällt. Es gibt Wesen, die nach Aufmerksamkeit suchen und diese auch finden, indem sie sich zum Beispiel für einen Engel ausgeben. Mit dem Verwandlungsspiel lernte ich, mich nicht täuschen zu lassen, indem ich die wahre Energie spürte, die sich hinter der äußeren Gestalt wahrnehmen lässt. Meine Lehrer nannten dies die Wahrheit fühlen und sehen.

Erst viel später, als ich andere Menschen kennen lernte, die den Kontakt zu Wesen aus der Geistigen Welt suchten, wurde mir bewusst, wie wichtig es war, Energien voneinander unterscheiden zu können. Jeder Mensch hat geistige Begleiter, die im Allgemeinen als geistige Helfer bezeichnet werden. Ich finde diese Bezeichnung irreführend und nicht ganz treffend, denn diese Wesen sind nicht ausschließlich da, um uns zu helfen. Ihre Begleitung beruht auf einem Zusammenspiel von Dienen und Lernen. Sie sind immer an unserer Seite, ganz gleich, ob wir dies wahrnehmen oder nicht. Da sie uns aus einer anderen Perspektive sehen können, lernen sie durch unser Verhalten. So helfen wir ihnen auch unbewusst dabei, ihre eigenen Lernprozesse zu durchlaufen. Diese geistigen Begleiter sind nicht zu verwechseln mit Geistigen Lehrern, die in sehr hohen Frequenzen schwingen, dualitätsfrei sind und sich nur mit Menschen verbinden, um ihnen etwas beizubringen.

Ich weiß, dass es schon immer Menschen gab, die über einen längeren Zeitraum hinweg mit Geistigen Lehrern in Verbindung standen, allerdings immer nur zu einem ganz bestimmten Zweck. Der Sinn und das Ziel eines solchen Kontakts liegen nicht darin, das eigene Leben zu versüßen und Hilfe, Halt oder Antworten zu bekommen. Geistige Lehrer vermitteln nichts, was man in Büchern schon nachlesen kann, sondern nur das, was eine direkte Unterweisung notwendig macht, weil es kein Mensch bisher erleben konnte oder weil es im Lauf der Zeit verloren ging. Auch in meinem Unterricht ging es immer darum, etwas Neues in die Welt zu tragen und damit eine Entwicklung auf einer umfassenderen Ebene zu verwirklichen.

Viele Wesen aus der Geistigen Welt nutzen die Aufmerksamkeit der Menschen, um sich davon zu ernähren. Dies ist möglich, weil unsere Energie immer unserer Aufmerksamkeit folgt. In dem Moment, in dem wir auf diese geistigen Wesen eingehen, können sie also unsere Energie anzapfen. Sie schwingen in niedrigeren Frequenzen und sind in ihrem Dasein darauf ausgerichtet, von ihren Kontakten mit uns zu profitieren, und nicht darauf, uns etwas zu geben oder zu vermitteln, was sie auch gar nicht wirklich könnten. Da sie keiner physischen Form unterliegen wie wir, können sie in jeder beliebigen Gestalt erscheinen, um sich die Aufmerksamkeit eines Menschen zu sichern. Sie bestehen aus Energie, können also auch Energien und Wohlgefühle erzeugen, was es umso schwerer macht, sie zu entlarven. In der Kommunikation mit den Menschen wissen sie sehr genau, wie sie deren Herzen berühren und sie beeindrucken können. Wie leicht dies möglich ist, erleben wir, wenn wir beispielsweise einen Film anschauen, in dem zwei Menschen zueinanderfinden. Obwohl wir wissen, dass es nur Schauspieler sind, die uns eine Verbundenheit vorspielen, kann uns dabei das Herz aufgehen.

So erzeugen manche geistigen Wesen Gefühle von Liebe und Geborgenheit oder rufen auch Helligkeit in verschiedenen Farben hervor, um sich für uns interessant zu machen. Das sind Showeffekte, die von ihren wahren Grundschwingungen ablenken und durch die sie bei den Menschen Beachtung finden. Wie ein Zauberkünstler arbeiten sie mit Tricks, um die Aufmerksamkeit der Menschen von ihrem wahren Wesen und ihrer wahren Motivation abzulenken. Wenn wir dem Zauberkünstler fasziniert zuschauen, erliegen wir der Illusion, die er erzeugt, obwohl wir wissen, dass es nur eine Täuschung ist. Auch er arbeitet mit Showeffekten und Ablenkungsmanövern, um die Aufmerksamkeit der Menschen von seinen Tricks abzulenken. Während er jedoch als Illusionist auftritt und nicht verheimlicht, dass er mit Tricks arbeitet, lassen die energiebedürftigen Wesen aus der Geistigen Welt die Menschen in dem Glauben, dass sie das sind, was sie vorgeben zu sein. Ich bezeichne sie als Tarnsauger, weil sie sich und ihr wahres Wesen tarnen, um dadurch Aufmerksamkeit zu bekommen und somit Energie ziehen zu können.

Wenn Tarnsauger den Menschen etwas vermitteln oder auf Fragen antworten, haben ihre Aussagen nur einen geringen Wahrheitsgehalt. Die Frage, die man sich also stellen könnte, ist, ob man sich zufriedengeben möchte mit etwas, das nicht wahrhaftig ist. Viele Menschen, mit denen ich darüber spreche, antworten mir, dass sie mit speziellen Gebeten und Ritualen um Schutz bitten. Ich glaube nicht daran, dass irgendeine Instanz, seien es Engel oder Geistige Meister, uns davor schützen würde, dem zu begegnen, was wir angezogen haben. Denn darin können wir uns selbst, unsere Motivation und das erkennen, womit sich unser Inneres noch auseinandersetzen möchte. Wir können aus all unseren Erfahrungen lernen und uns weiterentwickeln. Indem man glaubt, Schutz von außen zu brauchen, versucht man, seine Verantwortung und Handlungskraft abzugeben, und verhindert die Begegnung mit dem, woran man innerlich wachsen könnte.

Die unendlichen Weiten der Geistigen Welt

Die Erde ist unsere Welt und die Dimension, in der wir uns am besten auskennen. Von Geburt an lernen wir ganz allmählich, ihre Gesetzmäßigkeiten zu kennen, und sie zu nutzen. Nach und nach erweitern wir unseren Horizont, indem wir immer mehr Erfahrungen und Wissen sammeln über das Leben hier auf der Erde. Von unserer Familie ausgehend dehnt sich unser Kreis immer weiter aus, und dennoch werden wir nie alles, was auf der Welt geschieht, erfassen und verstehen können. So gibt es Bereiche, über die wir kaum etwas wissen, wie zum Beispiel das Leben in der Tiefsee. Viele Tiere und Pflanzen der Urwälder sind noch nicht entdeckt, und auch im Menschen selbst gibt es Bereiche und Potenziale, die noch lange nicht vollständig erforscht sind.

Wenn wir uns diese Vielfalt all des Lebens auf der Erde vorstellen, ist es naheliegend, dass auch die Geistige Welt über einen großen Reichtum an Lebensformen verfügt. In der Bewusstheit darüber, dass wir unsere eigene Welt, uns selbst und die Gesetzmäßigkeiten unserer Dimension noch längst nicht erforscht haben, ist klar, wie minimal unser Wissen über die Geistige Welt derzeit nur sein kann. Wenn wir Menschen in Kontakt mit dieser

Rebecca Rosing

Die Einfachheit des Seins

REBECCA
ROSING

Die Einfachheit des Seins

Mein Weg
zu einer neuen
Medialität

KAILASH

FSC
Mix
Produktgruppe aus vorbildlich
bewirtschafteten Wäldern und
anderen kontrollierten Herkünften
Zert.-Nr. GFA-COC-001262
www.fsc.org
© 1996 Forest Stewardship Council

Verlagsgruppe Random House FSC-DEU-0100
Das für dieses Buch verwendete FSC-zertifizierte Papier EOS
liefert Salzer, St. Pölten.

1. Auflage
Originalausgabe

Satz: EDV-Fotosatz Huber/Verlagsservice G. Pfeifer, Germering
Druck und Bindung: Pustet, Regensburg
Printed in Germany
978-3-424-63006-0

www.kailash-verlag.de

Meine Ausbildung in der Geistigen Schule

Viele Menschen wünschen sich ein Leben mit geistigen Helfern an ihrer Seite und haben oftmals eine bestimmte und aus meiner Sicht verklärte Vorstellung davon. Vielleicht vergisst man allzu leicht, dass einem niemand die eigenen Lernschritte, Herausforderungen und Erfahrungen abnehmen kann. Wir haben einen Körper und leben hier auf dieser Erde, auf der nur wir selbst unsere Erfahrungen machen können, vor denen die Geistige Welt niemanden verschonen möchte.

Auch ich musste mir jeden Schritt meiner Entwicklung erarbeiten und wurde nicht vor Problemen und Fehlern bewahrt. In schwierigen Situationen war ich immer auf mich selbst angewiesen und auf das, was ich gelernt hatte. Hätte ich von meinen Lehrern Hilfe bekommen, hätte ich nicht aus den Problemen lernen und auch nicht an ihnen wachsen können. Schon immer ist mein Leben geprägt von einem Grundgefühl des Vertrauens, dass alle Geschehnisse eine Erfahrung mit sich bringen, die für mich, meine augenblickliche Situation und Entwicklung stimmig ist. Dieses Vertrauen wurde durch mein Spüren der gegenwärtigen Wahrheit verstärkt. In ihr kann man die Stimmigkeit der Ereignisse sowie das Schöne in allem, was geschieht und was man spürt, erkennen.

Da es in meinem Unterricht sehr viel um die Entfaltung meiner Wahrnehmung ging, unterstützten mich meine Begleiter, meine Medialität in jeder Lebenslage zu nutzen. Sehr lange Zeit wusste ich gar nicht, dass es geistige Wesen gibt, die Menschen Antworten geben, um sich entscheiden oder ihr Leben besser verstehen zu können. So kam ich auch nie auf die Idee, Fragen dieser Art zu stellen, sondern ging immer den Weg, der mich gelehrt wurde, um meine Antworten in mir selbst zu finden. Im Mittelpunkt meines Unterrichts standen stets meine Selbstständigkeit und Unabhängigkeit, denn ich lernte, die Wahrheit nur aus mir selbst heraus zu sehen und zu fühlen.

Von Anfang an wusste ich, dass meine Lehrer nicht da waren, um mir ein einfaches und schönes Leben zu bereiten. Sie waren da, um mir Dinge beizubringen, die ich an andere Menschen weitergeben sollte. Dazu war es wichtig, das, was ich lernte, auch in meinem Leben umzusetzen, es in mein alltägliches Leben zu integrieren und aus mir heraus zu leben. Ihre Begleitung in diesem Prozess war einerseits geprägt von ihrer liebevollen Präsenz, aber andererseits auch von ihrer Strenge und Klarheit, die mir halfen, stets bei mir und bei der Sache zu bleiben. Meine Lehrer stellten hohe Anforderungen an mich und meine Bereitschaft, Herausforderungen jederzeit anzunehmen und dadurch über meine augenblicklichen Grenzen hinauszuwachsen. In meiner Geistigen Schule gab es keine Ferien, denn kaum war ein Lernziel erreicht, stand schon die nächste Aufgabe an.

Es gab aber auch Tage, an denen ich meinen Lehrern nicht zuhören und nicht annehmen wollte, was sie mir sagten. Da sie keinen Körper haben, hatte ich manchmal das Gefühl, sie könnten gar nicht verstehen, wie dies für mich war. Ich wurde dann ziemlich sauer, sagte, sie hätten ja sowieso keine Ahnung, und ging in Widerstand gegen sie. Das Schöne und auch sehr Lehrreiche dabei war, dass sie sich nicht darin verwickeln ließen, wie es Menschen getan hätten. Sie waren einfach nur da, in ihrer ganzen Neutralität und Liebe, ließen meinen Kampf für sich stehen und brachten das, was wichtig für mich war, einfach und direkt auf den Punkt. Natürlich vermittelten sie mir auch, wo die Grenze meines Protestes war. Doch ganz gleich, wie klar und unmittelbar ihre Zeichen waren, ich konnte immer ihre bedingungslose Liebe spüren. Sie waren an meiner Seite, damit ich von ihnen lernen konnte, was meinen vollen Respekt und meine Demut verdiente.

Niemand um mich herum wusste von meiner Ausbildung, und ich fühlte mich immer wieder allein mit all dem, was ich wahrnahm und lernte, da kein Mensch um mich herum war, der nachempfinden konnte, wie ich die Welt sah. Wie jeder andere Mensch wollte auch ich verstanden und angenommen werden, so wie ich war. Ich hielt oft Ausschau nach meinesgleichen, fand aber niemanden in meinem Umfeld, der mir auch nur ähnelte. Doch manchmal spürte ich andere Kinder, weit weg von mir und doch ganz nah. Sie lebten nicht in meiner Umgebung, und doch hatten wir sehr engen Kontakt. Es waren vier Kinder, die eine starke Begabung hatten und ebenso von Geistigen Lehrern unterrichtet wurden. Wir ähnelten uns sehr in unserem Bewusstsein und Energiesystem, so dass wir jederzeit telepathisch miteinander kommunizieren konnten. Dennoch hat jeder von uns ganz unterschiedliche Eigenschaften und wurde darin ausgebildet, ganz verschiedene Aufgaben zu übernehmen. Durch unsere intensive Beziehung zueinander kennen wir uns gut und genießen das. Das Wissen um die Existenz der anderen und unser Kontakt trösteten uns über die Gefühle des Alleinseins hinweg. Diese Nähe konnte jedoch nicht wirklich das Gefühl des Anders- und Alleinseins aufheben, da wir uns nie auf physischer Ebene gegenüberstanden, uns nicht in den Arm nehmen, gemeinsam spielen und lachen konnten.

Verbundenheit und das ozeanische Gefühl

Meiner Wahrnehmung verdanke ich viele besondere Momente und Erfahrungen meines Lebens. Sie ermöglicht mir ein Gefühl der tiefen Verbundenheit mit allem, was mich umgibt. Als Kind saß ich gerne auf einer Wiese und konnte stundenlang das herrliche Zusammenspiel zwischen den Blumen, Gräsern, Bäumen, Tieren, dem Wind und den Wolken genießen.

Es fing meist damit an, dass ich mich mit einer einzelnen Blume verband. Ich öffnete mich und meine Sinne für ihr Dasein. So spürte ich, wie sie einfach nur da war und sie aus ihrer Einfachheit heraus in ihrer Kraft war und wuchs. Von ihren Schwingungen ging ein Klang aus, ein zarter und klarer Ton, der mich berührte und trug. In diesem Moment gab es nichts anderes als diese Blume, in deren Wahrnehmung ich voll und ganz aufging. Ich spürte sie, ihre Essenz und hörte ihr Wachstum, dessen sanftes Schwingen mit allem um sie herum im Einklang war. Ihr klarer, zarter Ton öffnete etwas in mir, wodurch ich mich tiefer darauf einlassen konnte und mich davontragen ließ. Die Grenzen zwischen mir und dem Leben um mich herum lösten sich auf, und meine Wahrnehmung dehnte sich aus auf die Grashalme um die Blume herum, die benachbarten Blumen, Pflanzen, immer weiter …, bis ich mich selbst als Teil des Ganzen spüren konnte. Mein eigener Grundton schwang harmonisch mit der Natur, und in dieser Verbundenheit und Ausdehnung meiner Wahrnehmung gesellten sich zu dem zarten Ton der Blume Klänge um Klänge und entwickelten sich zu einem Konzert harmonischer Melodien.

Dieses Gefühl ist nahezu unbeschreiblich. Es ist ein Erfülltsein von der Fülle des Lebens, ein Verschmolzen- und Bei-sich-Sein. Es ist losgelöst von Gedanken, Gefühlen und Vorstellungen und somit ein Dasein im Frieden und Einklang mit allem, was ist. Ich spürte Liebe, Geborgenheit und Weite.

Diese Weite ist es, die diesem Seinszustand seinen Namen gibt. In der Religionspsychologie nennt man es das »ozeanische Gefühl« – ein Loslassen und Eintauchen in einen Strom, der uns mitnimmt und unser Selbst vergessen lässt. Das Meer zieht viele Menschen in seinen Bann, weil vielleicht gerade die unendlich erscheinende Weite etwas in ihrem Inneren berührt und ihnen hilft, sich anderen Horizonten zu öffnen. Taucht man in diese Erfahrung ein, kann der Rhythmus der Wellen einen mitnehmen in die Gesamtbewegung des großen Ganzen. Die Harmonie dieser Ganzheit kann das Gefühl vermitteln, mit ihr zu verschmelzen und als ein Teil von ihr darin aufgehoben zu sein. Das ozeanische Gefühl wird als religiöse Erfahrung angesehen und als die Verschmelzung mit dem göttlichen Ganzen beschrieben. Als solche erleben es Menschen der unterschiedlichsten Religionen in ihrer meditativen Versenkung.

Dieses Gefühl der Verbundenheit erlebe ich als eine besondere Erfahrung, die mir meine Wahrnehmung ermöglicht und die für mich nicht im Zusammenhang mit Religiosität steht. Für mich ist dieser Zustand auch nicht an Meditationstechniken gekoppelt, sondern eine Folge davon, dass ich mich für das einfache Dasein öffne. Das kann überall geschehen, egal, wo ich bin und was um mich herum geschieht.

Das ozeanische Gefühl ist mittlerweile auch Gegenstand neurobiologischer Forschungen geworden. Diese verfolge ich mit großem Interesse, denn sie beschäftigen sich mit den Potenzialen, die im Menschen liegen, und ermöglichen mit ihrer Aufklärungsarbeit völlig neue Sichtweisen. So wurde zum Beispiel erforscht, was im Moment der vollkommenen Verbundenheit im Gehirn geschieht. Und tatsächlich konnte das ozeanische Gefühl biologisch gemessen und nachgewiesen werden. Anhand der Gehirnareale, die in diesem Zustand aktiver beziehungsweise weniger aktiv sind, zogen die Wissenschaftler den Schluss, dass im Moment höchster Versenkung die Grenze zwischen dem Ich und der Welt verschwindet und der natürliche Bezug zu Raum und Zeit verloren geht.

Ob also religiös oder nicht – letztendlich kann jeder Mensch das ozeanische Gefühl erleben. Manchmal sind es ganz kleine Momente, in denen man Ziel und Streben loslässt und in seinem Sein aufgeht. Alles, was dafür notwendig ist, ist, sich zu öffnen und bereit zu sein, sich auf den Augenblick einzulassen und ihn zu spüren, ganz gleich was er mit sich bringt. Ohne Bedenken und ohne Vorstellung davon, wie es sein sollte.

Im Moment des einfachen Seins befindet man sich im Frieden mit sich selbst und seiner Umwelt. Man könnte diesen Frieden auch als Glücklichsein bezeichnen, denn er beinhaltet die Annahme von allem in sich und um sich herum. Es gibt nichts zu verändern, nichts zu tun oder zu verbessern. Alles ist so, wie es ist. Das Leben kann dadurch seine wunderbare Intensität entfalten.

In der Verbundenheit beschäftige und identifiziere ich mich nicht mehr damit, wer ich bin, was ich fühle und welche Rolle ich gerade einnehme. Ich werde wie die Blume, die einfach nur ist, ohne Vorstellung davon, wie etwas sein soll. Da ich gleichzeitig mich selbst noch sehr genau wahrnehme, ist meine Identifikation mit mir selbst auf ein gesundes und natürliches Maß minimiert. Dies bedeutet, sich selbst und seine Grenzen nach außen hin zu erkennen. Es ist die Bewusstheit darüber: Hier bin ich, das ist mein Körper, das sind meine Gefühle, und da bist du, das ist dein Körper, und das sind deine Gefühle. Im Moment des ozeanischen Gefühls besteht meine Identifikation aus einem Empfinden dieser Klarheit darüber, dass ich bin.

Wer ich bin, wie ich bin und warum ich bin, spielt dabei keine Rolle. Die Beschäftigung damit ist ein Zeichen für eine übermäßige Identifikation. In diesem Fall gibt es im Inneren ein Bild des Menschen, der man sein will, von dem man glaubt, es erfüllen zu müssen, um Anerkennung und Liebe zu bekommen. Eine zu starke Identifikation zeigt sich, indem man fortlaufend den Ist-Zustand mit diesen Vorstellungen vergleicht und dabei sich selbst bewertet. Von diesem Teil seiner Identifikation kann man sich lösen, indem man wagt, voll und ganz da zu sein und alles so anzunehmen, wie es ist. Das ozeanische Gefühl entsteht, wenn man sich selbst, die Blume und alles, was man erlebt, wahrnehmen kann – so, wie es ist. Solange dies nicht der Fall ist, haftet man an seiner Vorstellung davon, wie etwas sein soll, und kann sich nicht auf die Ganzheit der Dinge einlassen. Somit wird man immer nur einen Teil davon erleben.

Die Natur kennt keine Bewertung, sie kennt weder gut noch böse. Viele Menschen fühlen sich in der Natur aufgehoben und beruhigt, weil sie einfach nur da ist. Ihr Sein ist frei von Dualität, wodurch wir uns an die Einfachheit und Klarheit des Seins erinnert fühlen. Sie wahrzunehmen hilft uns, die Beschäftigung damit loszulassen, wer wir sein wollen, was wir tun, fühlen oder denken wollen und sollen.

Da Menschen gewohnt sind, in ihrem Wertesystem, also in Dualitäten wie gut und schlecht, richtig und falsch zu denken, ist dieses Gefühl der Verbundenheit erst einmal ein ungewöhnlicher Zustand. Er ist für viele schwer nachvollziehbar, gerade weil er dualitätsfreier ist als der Zustand, den man kennt. Im Allgemeinen finden wir die Blume schön, wenn sie blüht, und nicht mehr schön, wenn sie verblüht ist. In der Verbundenheit und Offenheit für das, was augenblicklich ist, nehmen wir sie wahr, ohne sie zu bewerten. Sie ist dann, wie sie ist. Das, was wir in unserem Wertesystem als Makel ansehen würden, ist nur noch ein Ausschnitt aus der Vielfalt ihrer Daseinsformen im Kreislauf des Lebens.

Verbundenheit ist also ein Zustand, in dem wir befreit sind von den Bewertungen, die wir von unserer Familie und der Kultur, in der wir leben, übernommen haben. Das wertfreie Wahrnehmen ermöglicht uns das Erleben der spannenden und faszinierenden Augenblicke, die entstehen, wenn man es wagt, seine Vorstellungen von gut und schlecht loszulassen.

Wertfreies Sein darf sich entwickeln, wenn man sich dafür öffnet, das Leben vorbehaltlos zu spüren und sich darauf einzulassen, was einem in diesem Spüren begegnet – wenn man alle Schwingungen und alles Pulsieren in seiner Fülle und all seinen Facetten annehmen und genießen kann. Wenn man losgelöst vom gesellschaftlichen Wertesystem wahrnehmen möchte, ist das Spüren die Brücke dorthin.

Gefühle teilen und heilen

Sehr viel Leid der Menschen entsteht durch die Beurteilung der eigenen Gefühle. Manche empfindet man als angenehm und wünscht sich, sie würden nie enden. Andere bewertet man als unangenehm, und man will sie ganz schnell wieder loswerden. In der Verbundenheit mit uns selbst können wir alle Gefühle wahr- und annehmen, so wie sie sind. Dies ist ein tief heilsamer Moment, den ich in meiner Grundschulzeit anfing, ganz bewusst und immer intensiver zu erleben. Ich erkannte, dass nicht nur die Annahme der eigenen Gefühle, sondern auch die Verbundenheit mit den Gefühlen anderer Menschen heilende Prozesse auslöst.

In meiner Klasse saß ich neben Toni, dem Klassenclown mit den strubbeligen Haaren. Die Lehrer fanden ihn anstrengend, weil er den Unterricht störte und mit seiner Aufmerksamkeit selten dort war, wo sie ihn haben wollten. Ich mochte ihn sehr, und wir hatten viel Spaß miteinander, vor allem, wenn es darum ging, den Unterricht ein bisschen aufzupeppen und mehr Leben ins Klassenzimmer zu bringen. Wir saßen, wann immer die

Lehrer dies zuließen, nebeneinander und wurden schnell Freunde. Auch nachmittags verbrachten wir gerne Zeit miteinander, tobten und spaßten draußen herum.

Manchmal zog es mich in seine Gefühlswelt hinein. Wenn ich mich darauf einließ und mich mit ihm verband, fühlte ich, was ihn momentan bewegte. Es gibt viele verschiedene Arten der Verbundenheit und verschiedene Ebenen, auf denen ich mich mit einem Menschen verbinde. Der erste Schritt dabei ist immer, sich auf jemanden einzulassen und sich zu öffnen für die Ebene, auf der der Mensch bereit ist, gesehen zu werden. Auf einer Ebene können sich seine Problematiken zeigen, die dann spürbar und erlebbar werden. Wenn man sich auf diese Ebene einlässt, werden die Gefühle und Erlebnisse eines Menschen erfahrbar, die er im Zusammenhang mit dem jeweiligen Thema in sich trägt. Auf anderen Ebenen finden sich Vorhaben, Gedanken, übernommene Eindrücke von außen, Stärken und Schwächen, die Körpergrundenergie, die Zellen oder auch die Essenz einer Person.

Bei Toni waren es seine Gefühle und deren Hintergründe, auf die ich mich einließ und mit denen ich mich verband, indem ich sie in mir spürte. Dieses Spüren reichte in unterbewusste Ebenen, zu Gefühlen, die ihm selbst in diesem Augenblick nicht bewusst waren. Nichtsdestoweniger beeinflussten sie seine Befindlichkeit, sein Denken und Handeln. Ich spürte, wie traurig er tief in seinem Inneren war. Es gab etwas in seinem Leben, das ihn stark herunterdrückte wie eine schwere Last, die er trug. Toni überspielte den damit verbundenen Schmerz und kompensierte ihn, indem er den lustigen und immer zu Späßen aufgelegten Klassenclown spielte.

Ich verband mich sehr gern mit Toni, um ihn so zu fühlen, wie er war. Für mich war immer die Leidenschaft am Entdecken damit verbunden, mich auf Gefühle einzulassen. Wie eine Forscherin beobachtete ich, was dadurch geschah und wie sie sich veränderten. Außerdem war es schön, wenn ich merkte, wie gut es Toni tat, dass ich stellvertretend für ihn die Traurigkeit spürte, die er selbst nicht fühlen konnte. Wie ich es schon bei vielen Menschen beobachtet hatte, wollte auch Toni sie unbewusst nicht spüren und verdrängte sie, weil sie ihm unangenehm war und er glaubte, sie nicht aushalten zu können.

Ohne darüber nachzudenken oder zu reflektieren, nahm ich meine innere Bereitschaft wahr, Tonis Traurigkeit anzusehen und anzunehmen. Immer, wenn ich mich von etwas angezogen fühlte, war es für mich wie ein natürlicher Impuls, dem ich folgte. Ebenso natürlich und selbstverständlich war mein Gefühl der Annahme. Ich wollte nichts erreichen, verändern oder verdrängen, sondern vielmehr spüren und damit spielen. Das mag sich merkwürdig anhören, aber ich war wie ein Kind, das ein schön verpacktes Paket hingehalten bekam. Ich war neugierig, was wohl darin war, und freute mich darauf, es mir genau anzusehen und damit zu spielen. Gerade diese spielerische Weise ermöglichte mir die notwendige Leichtigkeit, um Gefühlen bis zu ihren Wurzeln nachspüren zu können.

Ich sah also, was Toni bedrückte, beobachtete und spürte unvoreingenommen, was mit seiner Traurigkeit geschah. Zunächst wehrte sich etwas in ihm dagegen, sie zuzulassen. Ich spürte seinen inneren Widerstand und ließ ihn einfach so, wie er war. Nach einer Weile merkte ich, wie sich sein Widerstand langsam ein Stückchen lockerte und sich auch wieder zusammenzog. Als Toni und ich uns das nächste Mal sahen, spürte ich erneut seinen Widerstand. Er hatte sich jedoch verändert und war in sich lockerer geworden – wie eine Schnur, die nur noch lose um etwas gewickelt ist. Toni bekam bewusst nichts von alledem mit, wir spielten einfach oder saßen nebeneinander auf der Schulbank, ohne dass von außen irgendetwas zu erkennen gewesen wäre.

In ihm hatte ein heilsamer Prozess begonnen. Mehr und mehr konnte er auf einer unbewussten Ebene seine Traurigkeit zulassen, die sich langsam dadurch veränderte, dass ich sie Schicht für Schicht immer tiefer zuließ. Sie pulsierte, änderte ihre Form und Farbe, wurde mal heller, mal wieder dunkler, mal dichter, mal leichter. Toni atmete innerlich auf und schien es zu genießen, dass jemand für ihn da war und ihn annahm, ohne Bedingungen an ihn zu stellen. Er durfte endlich zulassen, was er von sich ferngehalten hatte und was ihn unbewusst beeinflusste und bedrückte. Mich machte es sehr glücklich zu sehen, wie es ihm immer besser ging und er ruhiger wurde. Eines Tages kam dann der Moment, in dem er bereit war, einen Teil seiner Traurigkeit loszulassen. Er löste sich so leicht wie verwelkte Blätter, die sich von ihren Zweigen lösen.

Ich war immer wieder erstaunt, erfreut und erfüllt davon, welche Wirkung dieses Spüren und Annehmen der Gefühle auf andere hatte. Die Zusammenhänge dessen, was ich tat und bewirkte, waren mir dabei nicht wirklich bewusst. Für mich war es – wie gesagt – noch ein Spiel, wie ein Impuls, dem ich mit meiner Forschernatur folgte. Es war, als würde ich mit meinen inneren Sinnen die Gefühle einer Person vorsichtig ertasten und sie in ihrem Inneren damit streicheln. Ich vertraute einfach meinem Gefühl und gab mich diesem Spiel hin, so wie sich andere Kinder ihrem Spiel mit Autos und Puppen hingaben. In dieser Form der Hingabe sind Spüren, Annehmen und Lieben ganz einfach. Solange man Gefühle nicht bewertet und keine Widerstände gegen sie hat, kann man alles ganz natürlich geschehen lassen.

Erst mit der Zeit erkannte ich, dass die Gefühle, die ich bei anderen auf diese Weise spürte, oft solche waren, die sie selbst verdrängten. Sie bewerteten sie als etwas Unangenehmes, das sie nicht haben wollten und das nun in ihrem Unterbewusstsein blockierend wirkte. Was man nicht spüren will, wird dort unter hohem Energieaufwand unter Verschluss gehalten. In dem Moment, in dem man diese unterdrückten Gefühle jedoch vorbehaltlos spürt und annimmt, gibt man ihnen die Möglichkeit zur Veränderung. Das war es, was bei Toni geschah.

Zuerst hatte ich seine Traurigkeit wahrgenommen und war immer tiefer in sie eingetaucht, ohne sie zu beurteilen und verändern zu wollen. In diesem Moment der tiefen Annahme existiert kein Mitleid, sondern nur bedingungsloses Mitfühlen. Ich war also nicht traurig, dass Toni traurig war oder wütend, weil jemand ihm wehgetan hatte. Indem ich vorbehaltlos spürte, wie sich seine Traurigkeit anfühlte, konnte ich sie annehmen und akzeptieren als Teil eines Ganzen – als Tonis Er-Leben.

Solange man versucht, seine Gefühle von sich fernzuhalten, hält man sie unbewusst fest oder mauert sie ein. Man befindet sich nicht mehr im Fluss des Lebens und verhindert, dass sich die Gefühle frei bewegen. Das Annehmen von Tonis Traurigkeit bewirkte, dass sie hervorkommen konnte und die Möglichkeit bekam, sich ganz von selbst in ihrem natürlichen Rhythmus und Prozess zu lösen.

Auch wenn dies für ihn ein unbewusster Prozess war, weiß ich, dass er dennoch die Erfahrung machte, wie schön es sein kann, seine Gefühle anzunehmen. Mir selbst ermöglichte Toni die Erfahrung, wie schön es ist, jemandem helfen zu können. Ich lernte, dass es sehr viel bewirkt, wenn ich die Gefühle anderer spüre, auch wenn es die Menschen nur unbewusst miterleben.

In der kommenden Zeit begegneten mir außer Toni immer mehr Menschen, die in mir diesen Impuls auslösten, mich mit ihnen zu verbinden. Eine meiner Lieblingslehrerinnen erzählte die spannendsten Geschichten, denen alle aufmerksam lauschten. Da sie dabei lange vor uns stand, konnte ich mir diese interessante Frau sehr genau ansehen.

Als sie uns gerade wieder einmal eine Geschichte erzählte, nahm ich eine dunkle Stelle an ihr wahr, die mich stark anzog. Wenn ich einem Impuls wie diesem folgte und mich in einen Menschen hineinspürte, geschah dies nie willkürlich. Es war immer mit einem tiefen Gefühl der Stimmigkeit und einer Art stillen Übereinkunft zwischen dem Unterbewussten der Person und mir verbunden. Nur wenn sie tief in ihrem Inneren bereit war für eine Veränderung und vor allem für meine Zuwendung, konnte dieses Gefühl entstehen. Ich spürte eine Öffnung, in die ich wie von einem Sog hineingezogen wurde, als ob diese Stelle danach rufen und ziehen würde, wahrgenommen zu werden.

Meine Lehrerin signalisierte mir eine eindeutige Offenheit. Das Gefühl, das mich so stark anzog, schien nur darauf zu warten, aus der Dunkelheit seiner Verdrängung hervorzukommen. Als ich mich darauf einließ, kam es zu einem wunderschönen Farbspiel um sie herum. Innerlich vertiefte ich mich so sehr in das Spüren der Gefühle, das Wahrnehmen der Farben und allem, was dazugehört, dass ich den eigentlichen Unterricht nicht mehr verfolgte. In einem sanften Pulsieren veränderten sich die Farben, wurden dunkler und wieder heller. Als ich den Punkt bemerkte, an dem es genug war, verlagerte sich meine Aufmerksamkeit wieder auf den Unterricht. Ich spürte, dass ich etwas in Gang gebracht hatte, das sich nun mit der Zeit weiter verändern konnte.

Für mich war es ein sehr intensives und schönes Spiel, in das ich mich vertiefte und in dem ich aufging, ohne ein Ziel zu verfolgen. Das Schöne war nicht nur das Spüren, sondern auch zu bemerken, wie sich der andere Mensch dadurch besser fühlte. Ich lernte, dass eine Veränderung nichts ist, was man herbeiführen kann. Im richtigen Moment, wenn die Person wirklich bereit ist, braucht es nichts außer Hingabe und Annahme. Alles, was dann geschieht, ist das, was geschehen will, und nicht das, was man vielleicht erreichen oder loswerden wollte. Aus meiner Sicht ist dies die nachhaltigste und intensivste Veränderung, da sie aus einer tiefen inneren Bereitschaft zur Wandlung heraus geschieht.

Das verstimmte Klavier

Oft stellte ich mir die Frage, warum Menschen manche Gefühle nicht zeigen wollen. Als ich ein Kind war, irritierte mich das in meiner Wahrnehmung. Es fiel mir schwer nachzuvollziehen, warum sie ihre Gefühle – welche auch immer es sein mochten – nicht zulassen konnten, warum sie sie so weit verdrängten, dass sie keinen Zugang mehr zu ihnen hatten.

So erinnere ich mich noch genau an unsere Nachbarin Matilde und daran, wie sie eines Morgens lachend und fröhlich zu unserer Küchentür hereinspazierte. Ich wunderte mich über diese Fröhlichkeit, denn ich konnte sie überhaupt nicht spüren – im Gegenteil, ich spürte eine tiefe Traurigkeit. Matilde spielte uns und sich selbst gute Laune vor, war aber in Wirklichkeit in diesem Moment sehr unglücklich.

Diese Diskrepanz zwischen dem, was ich wahrnahm, und dem, was äußerlich zu sehen war, irritierte mich. Mir war damals noch nicht klar, dass Menschen sich selbst und anderen oft unbewusst etwas vorspielen.

Was keiner wusste, war, dass Matildes Mann ihr kurz zuvor gesagt hatte, dass er eine andere Frau lieben und Matilde verlassen würde. Ich spürte ihre tiefe Traurigkeit, und es tat mir weh. Aber es war nicht ihr Schmerz, der mir wehtat, sondern dass sie ihn überspielte. Wenn die Gefühle eines Menschen nicht übereinstimmen mit dem, was er nach außen hin zeigt, dann spüre, sehe und höre ich das als eine Dissonanz – als schräge Töne, Farben und unangenehme Gefühle. Es fühlt und hört sich so an, als spiele jemand auf einem verstimmten Klavier.

Hätte sie ihre Gefühle zulassen und uns zeigen können, dann hätte ihr Verhalten im wahrsten Sinne des Wortes im Einklang gestanden zu ihrem Inneren. In diesem Moment hätte sich »ihre Musik« zwar sehr traurig angehört, aber trotzdem schön, weil sie harmonisch gewesen wäre. Harmonische Gefühle entstehen immer dann, wenn die Wahrheit des eigenen Inneren nicht mehr überspielt wird und so die Gefühle mit dem äußeren Handeln übereinstimmen.

Ich überlegte, was ich für Matilde hätte tun können. Vielleicht hätte ich ihr sagen sollen, dass ich ihre Traurigkeit spürte, und sie fragen können, ob es nicht schöner für sie wäre, wenn sie sie auch zulassen könnte. Andererseits hatte ich aber das Gefühl, dass sie dies nicht hätte glauben und verstehen können, denn ich erlebte immer wieder, dass Menschen nichts damit anfangen konnten, was ich wahrnahm. Ich spürte dann, dass sie sich überfordert fühlten und mir auswichen oder heftig und aufbrausend wurden. Schließlich hatte es ja einen Grund, warum sie ihre Gefühle verdrängten.

Vor meinem inneren Auge tauchten Bilder auf, die mich verstehen ließen, warum Matilde ihre momentane Traurigkeit nicht spüren wollte. Ich sah, dass Matilde dieses tiefe Gefühl von Verlassenheit, Angst und Einsamkeit in ihrer Kindheit schon einmal erlebt hatte. Damals saß sie mit ihrem Vater und ihrer Schwester im Garten und wollte mit ihm spielen. Matilde hatte sich schon den ganzen Morgen darauf gefreut, dass er endlich einmal Zeit für sie haben würde. Sie hatte ein Bild für ihn gemalt, das sie ihm nun geben wollte. Er aber wandte sich von ihr ab und beschäftigte sich mit ihrer Schwester. Diese Situation stand für eine Reihe von ähnlichen Erlebnissen mit ihrem Vater. Der Schmerz, den diese ausgelöst hatten, hinterließ eine tiefe Wunde in ihr. Da er ihr verständlicherweise sehr unangenehm war, verdrängte sie ihn, um ihn nicht spüren zu müssen. Die Trennung von ihrem Mann erinnerte sie nun unbewusst an ihre ungelösten Gefühle durch die Zurückweisung und Verletzung, die sie als Kind erlebt hatte. Sie hatte Angst, sie zu spüren, und hielt sie deshalb aus ihrem bewussten Erleben fern.

Ich begann nachzuempfinden und zu verstehen, warum sich Menschen gegen das wehren, was in ihnen geschieht. Eine Situation, wie sie Matilde mit ihrem Vater und ihrer Schwester erlebt hatte, ist sehr oft mit einem Schock verbunden, der den Schmerz sozusagen gefangen hält. Ein Schock wirkt lähmend auf die Gefühle, die mit der Situation verbunden sind, und steht wie ein Schutzschild vor ihnen. Wie hätte Matilde also ihre Traurigkeit annehmen können, wenn ich sie darauf angesprochen hätte? Erst einmal müsste sie ihren

Schock überwinden und dann auch ihre Angst vor ihrem Schmerz, um überhaupt an ihre Traurigkeit heranzukommen.

Das Gesetz der Resonanz

Was Matilde mit ihrem Mann erlebte, stellte eine Verbindung her zwischen den Erlebnissen in ihrer Kindheit und ihrem derzeitigen Leben. Die Wurzel und Ursache ihres Leidens lagen also lange Zeit zurück. Die Verletzung durch ihren Mann holte den Schmerz hervor, den sie lange Zeit verdrängt hatte.

Da sich unverarbeitete Gefühle nicht in Luft auflösen können, wirken sie auf unbewusster Ebene weiter. Sie existieren, bis sie angenommen und auf allen Ebenen verarbeitet werden. Das Aufbauen von Schutzmauern sowie die Weigerung, sie zu fühlen und anzunehmen, sind unbewusste Formen der Aufmerksamkeit, die man seinem Schmerz gibt. Selbst wenn sich Matilde bewusst vielleicht gar nicht mehr an ihre leidvollen Erfahrungen erinnern konnte, gab sie ihnen trotzdem weiterhin Energie. Sie befand sich unbewusst permanent im Widerstand dagegen, ihre Gefühle hochkommen zu lassen.

Diese Energie wirkt wie ein Magnet auf Situationen und Menschen, die die verdrängten Gefühle wieder hervorrufen, die man nicht spüren möchte. Alles, was im Leben geschieht, hat also einen tieferen Sinn und steht in Resonanz zu dem, was im eigenen Inneren Energie bekommt. Die Schwingungen des Schmerzes ziehen daher unweigerlich Erfahrungen an, die ihnen entsprechen. Man könnte also sagen, Matilde hatte sich unbewusst ihren Mann ausgesucht, damit sie sich ihrer verdrängten und ungelösten Gefühle bewusst werden konnte. Was sie mit ihm erlebte, war eine Chance, sie wieder an die Oberfläche kommen zu lassen, sie wahrnehmen, annehmen und lösen zu können.

Alles, was wichtig ist, zeigt sich in jedem Moment des Lebens. In Wirklichkeit gibt es nur das Jetzt, weshalb man alles, was geschehen ist und geschehen wird, im Augenblick wahrnehmen und angehen kann, wenn man sich für ihn öffnet. Manche Menschen möchten durch mediale Lebensberatungen und therapeutische Rückführungen ein Problem verstehen und lösen, indem sie erfahren, was in der Vergangenheit geschehen ist.

Das Problem ist aber nur die Auswirkung einer Thematik, die in der Vergangenheit entstanden sein kann. Diese Thematik übt im Hier und Jetzt eine Resonanz aus, mit der Situationen angezogen werden, die sie hervorkommen lassen. Sie äußert sich in all ihrer Wahrhaftigkeit und Authentizität – weshalb sollte man also in eine andere Zeit schauen oder reisen, um sie verstehen oder wahrnehmen zu können? Wenn es für einen Menschen wichtig und stimmig ist, Situationen aus seiner Vergangenheit sehen zu können, dann werden sie ganz von selbst sichtbar.

Dabei geht es dann nicht darum, ein Problem lösen oder loswerden zu wollen, sondern vielmehr darum, die Thematik anzuschauen. Es gibt nichts, was wir loswerden müssten, denn das Problem ist nicht das Problem, sondern die Art und Weise, wie wir die Thematik auffassen, bewerten und was wir mit ihr verbinden. Man erschafft sich das Problem, indem man sich mit ihm identifiziert und daran festhält, wie furchtbar oder traurig es ist. Nicht das Loslassen und Loswerden des Problems ist der erste Schritt, sondern das Loslassen der Sichtweise, dass es ein Problem ist.

Anderssein ist wie Alleinsein

Später erzählte ich meiner Mutter, was ich bei Matilde gesehen und gespürt hatte. In diesem Moment fiel es ihr schwer anzunehmen, dass ich jetzt auch noch sehen konnte, was andere in der Vergangenheit erlebt hatten. Heute könnte ich ihr erklären, wie dies möglich sein kann. Die Thematiken, die Menschen noch nicht verarbeitet haben, sind auf bewusster oder unbewusster Ebene so lange präsent, bis sie gelöst werden. Wenn etwas geschieht, das in Resonanz zu einem unverarbeiteten Thema im Inneren eines Menschen steht, dann werden die Hintergründe und Ursachen des Schmerzes für mich wahrnehmbar. Ich sehe dann die Szenen aus der Vergangenheit, die den Schmerz hervorgerufen haben, ganz deutlich vor meinem inneren Auge.

Schon sehr früh erkannte ich, dass nicht jeder Mensch die Welt so wahrnimmt wie ich. In den wenigen Momenten, in denen ich mich mitteilte, waren Reaktionen wie die meiner Mutter keine Seltenheit. Niemand konnte wirklich etwas damit anfangen, was ich spürte und wahrnahm, weshalb ich nur sehr selten davon sprach.

Wenn ich es tat, bemerkte ich oft, dass man dachte, ich hätte einfach nur eine sehr gut ausgebildete Fantasie. Für mich war es aber ganz eindeutig, dass es keine Fantasie sein konnte, weil Fantasie ja in Bildern vor dem inneren Auge abläuft. Ich sah aber mit meinen physischen Augen die Gefühle in und um die Menschen herum, ihre Aura, Meridiane, Chakren, Akupunkturpunkte und auch meine Geistigen Lehrer. All das sah und sehe ich ebenso klar und deutlich wie alles Physische auch. Da die meisten Menschen um mich herum allerdings nur die physische Welt kannten, konnten sie nicht nachvollziehen, was ich wahrnahm.

Solange dies Menschen waren, zu denen ich keine persönliche Verbindung spürte, berührte mich das nicht. Doch wie jeder andere Mensch wollte auch ich von den Menschen, die mir nahestanden, verstanden und angenommen werden. Meine Wahrnehmung unterschied sich jedoch so stark von ihrer, dass ich mein Bild der Welt nicht mit ihnen teilen konnte, und so fühlte ich mich nicht nur anders, sondern auch allein. Dieses Gefühl ließ mich jedoch nie die Freude und den Genuss an meiner Wahrnehmung verlieren. Durch die Verbundenheit, die sie mir ermöglichte, erlebte ich mich immer als Teil eines großen Ganzen, weshalb ich mich zwar allein, aber nicht einsam fühlte.

Sowohl Erwachsene als auch Gleichaltrige versuchten, mich und mein Verhalten so zu deuten und einzuordnen, damit ich in ihr eigenes Weltbild passte. Da ich oft sehr in meine Spiele oder in meine Betrachtung der Menschen vertieft war, sah es von außen so aus, als sei ich in eine andere Welt abgetaucht. In meinen ersten

Schuljahren wusste ich zum Beispiel oft nicht, wo wir im Unterricht gerade waren, wenn ich aufgefordert wurde, eine Aufgabe zu lösen oder eine Frage zu beantworten. Ich bekam dann regelmäßig dieselbe oder zumindest ähnliche Bemerkungen zu hören wie: »Kein Wunder, wenn du ständig träumst, anstatt zuzuhören.« Meine Lehrer dachten, ich sei eine Träumerin, und wie oft habe ich gehört, dass mich das nicht weiterbringen würde. Es wusste ja niemand, dass ich stark konzentriert war auf das, was ich fühlte und sah. Was auch niemand wusste, war, dass dies zu meiner Entwicklung und Ausbildung gehörte, denn dabei schulte ich meine Wahrnehmung. Ich träumte also nicht, sondern ich lernte, auch wenn es ein anderer Lernstoff war als der, den mir die Lehrer in der Schule vorgaben.

In meiner Verbundenheit zu mir selbst und den anderen, nahm ich meine Bedürfnisse wie auch die der anderen klar und deutlich wahr. Aber wozu dient uns unsere Wahrnehmung, wenn wir nicht Taten und Handlungen folgen lassen? Ich setzte mich also immer entsprechend für andere und mich ein. Viele meiner Mitschüler konnten dies gut annehmen, aber andererseits war ich ihnen manchmal nicht so ganz geheuer, weil sie schon merkten, dass ich irgendwie anders war.

Sehr genau erinnere ich mich an eine Situation mit Elfie, einer Freundin aus meiner Schule. Wir standen in der Pause zusammen, als sie damit rausrückte, was sie ziemlich stark zu beschäftigen schien. Sie druckste noch herum, bis ich ihr einen Schubs gab, endlich zu sagen, was sie auf dem Herzen hatte. Immer noch zögernd legte sie los, dass sie mit einer Klassenkameradin über mich gesprochen und beide sich gefragt hätten, ob ich vielleicht aus einer ganz anderen Welt kommen würde.

Zuerst war ich sehr amüsiert über die Vorstellung, dass sie so etwas über mich dachten, und wollte mehr wissen, zum Beispiel, wie sie auf diese Idee gekommen seien. Elfie war erleichtert, dass ich ihr nicht böse war, und wurde mutiger. Sie sagte, ich würde sie manchmal angucken, als könnte ich in sie hineinschauen wie mit einem Röntgenblick. Ich sei einfach anders, auch weil ich ungewöhnlich reagierte und handelte. Das war ihr auf der einen Seite unheimlich, andererseits aber reizte es sie, mehr darüber herauszufinden, indem sie mir nun verschwörerisch zuflüsterte, ihr könne ich es ja sagen, woher ich käme und wer ich sei, denn immerhin sei sie meine Freundin. Ich musste mich sehr zusammenreißen, um nicht laut loszulachen, als sie dann vermutete, dass ich magische Kräfte hätte.

Das Vergnügen, das mir diese Vorstellung bereitet hatte, verflog schnell, und es machte mich sehr nachdenklich, dass andere auf eine solche Idee kommen konnten. Machte Elfies Frage mir doch noch einmal deutlich, wie anders ich war. Mir wurde bewusst, dass für viele Menschen um mich herum mein Erleben der Welt nur schwer nachvollziehbar und einzuordnen war.

Ich beschäftigte mich immer wieder viel mit meiner Art des Empfindens und der Wahrnehmung und war sehr interessiert an wissenschaftlichen Erklärungsansätzen dafür. Dabei stieß ich auf den Begriff der Synästhesie. Sie wird vor allem von Neurobiologen und Neuropsychologen erforscht und bezeichnet die gleichzeitige Aktivität verschiedener Sinne. Manche Synästhetiker können Zahlen und Buchstaben als Farben und Formen wahrnehmen, andere sehen Töne und Klänge als Farb- und Formspiele vor ihrem inneren Auge. Je nachdem, wie ausgeprägt die synästhetische Begabung ist, geht diese Art der Wahrnehmung weit über die Wahrnehmung der »normalen« Sinne hinaus. Sie wird auch als Verschmelzung oder Vernetzung der Sinne bezeichnet. Die Bandbreite an unterschiedlichen Synästhesieformen ist sehr groß, und diejenige, die meiner Wahrnehmung am ähnlichsten ist, ist die Gefühlssynästhesie. Sie tritt bei Menschen auf, bei denen Gefühle und Emotionen innere Bilder hervorrufen.

Besonders die Gefühlssynästhesie ist allerdings für die Wissenschaft ein schwer greifbares Phänomen, denn Gefühle sind weder präzise messbar noch nachweisbar. Doch zeigt das wachsende Interesse daran, dass man beginnt, die inneren Wahrnehmungsmöglichkeiten der Menschen zu entdecken und vor allem anzuerkennen. Zudem sehen einige Wissenschaftler darin auch eine Chance zur Weiterentwicklung der menschlichen Fähigkeiten. Viele von ihnen vermuten, dass in jedem Menschen eine synästhetische Wahrnehmung angelegt ist, die aber selten genutzt wird. Sie ist also möglicherweise ein Potenzial, das in jedem Menschen schlummert. Die Tatsache, dass sich die moderne Hirnforschung damit beschäftigt, zeigt, dass man beginnt, über den bisherigen Horizont der menschlichen Wahrnehmungsmöglichkeiten hinauszuschauen. Man scheint sich also für die Vorstellung zu öffnen, dass noch ganz andere Formen der Wahrnehmung für jeden Menschen potenziell möglich sind.

Wenn man Feinfühligkeit anerkennen könnte, dann wäre es möglich, sie zu schulen, so dass sie immer mehr

Menschen für sich nutzen könnten. Im Wertesystem unserer Kultur ist man jedoch immer noch vor allem dann angesehen, wenn man Erklärungen und Entscheidungen auf einer rationalen Ebene klar darlegen kann. So haben wahrscheinlich viele andere feinfühlige Menschen ähnliche Erfahrungen wie ich damit gemacht, sich anders und unverstanden zu fühlen. Wahrscheinlich kennt das jeder, der auf seine Art anders ist als andere. Menschen, die zu tiefen Empfindungen und Erkenntnissen fähig sind, die ihnen ihr Bauchgefühl ermöglicht, bekommen dafür eher wenig Anerkennung. Wobei sich Rationalität und Bauchgefühl gar nicht gegenseitig ausschließen müssen, sondern auch ergänzen können.

Fast alle Menschen, die ich kenne, die eine Begabung zur Feinfühligkeit besitzen, haben in ihrer Kindheit begonnen, ihre Wahrnehmung zu unterdrücken. Wie jeder andere Mensch auch, wollten sie dazugehören und unterdrückten deshalb ihre Begabung, um nicht aufzufallen oder anzuecken. Wenn man der Einzige in seiner Familie ist, der Dinge auf eine bestimmte Weise wahrnimmt, ist die Wahrscheinlichkeit groß, dass man beginnt, an sich und seiner Wahrnehmung zu zweifeln. Man schenkt ihr kaum noch Beachtung und verdrängt sie, weil man sich auf keinen Fall anders fühlen will. In dem Moment, in dem man einen natürlichen Teil seiner Potenziale unterdrückt, verliert man sein Selbstwertgefühl. Da man sich nicht als Ganzes annehmen kann, kann man sich auch nicht wertschätzen und verliert das Vertrauen in sich. Man verleugnet seine Begabung, übergeht sie und kann sie nicht leben. Man verliert das innere Gefühl für sich selbst.

Der Leidenschaft folgen

Dieses intensive Erleben, das mir die Medialität ermöglichte, feuerte nicht nur meine Leidenschaft für das Leben an, es brachte mir auch die Liebe für alle und alles um mich herum. Durch das Zusammenspiel der unterschiedlichen Sinneswahrnehmungen sehe, spüre und erfasse ich so viel mehr als nur mit den physischen Sinnen, dass ich mir gar nicht vorstellen konnte und kann, ohne all die Eindrücke zu sein, die ich dadurch habe. Schon als Kind gab es für mich nichts Schöneres und Faszinierenderes als das Spüren von Gefühlen und Schwingungen in all ihren Facetten.

Ich vergleiche das gerne mit einem Menschen mit einer sehr ausgeprägten musikalischen Begabung und einer großen Freude an Musik. Dieser Mensch geht vollkommen in der Ganzheit der Musik und in seinen Hörerlebnissen auf. Gleichzeitig hört er sehr genau hin und erkennt mit der Zeit sehr differenziert Tonlagen, Instrumente, Rhythmen und Klänge. Sein Gehör ist ein anderes als das von jemandem ohne Begabung und Leidenschaft für Musik. Es ist feiner und entwickelt sich automatisch weiter, indem der Mensch seiner Leidenschaft nachgeht und sich so viel wie möglich mit Musik beschäftigt. Immer genauer hört er Unterschiede und erkennt Dissonanzen, die andere nicht wahrnehmen können. Je feiner seine Sinne werden, desto intensiver kann er in seiner Begabung aufgehen. Ähnlich ist es mit meiner Wahrnehmung. Ich konnte gar nicht anders, als meinen Empfindungen und Wahrnehmungen nachzugehen. Von Beginn meines Lebens an konnte ich zum Beispiel die Klänge der Menschen hören, die andere nicht hören können. Genauso wie Klänge Gefühle auslösen, können auch Gefühle durch ihre Schwingungen Klänge auslösen. Manche sind harmonisch, manche schräg, manche hell und andere dumpf – für mich haben alle ihren Reiz.

In der Verbundenheit mit den Gefühlen anderer erlebe ich diese nicht als gut oder schlecht, sie sind einfach, wie sie sind – und spannend zu spüren und zu beobachten. Dieses wertfreie Wahrnehmen und Annehmen in der Verbundenheit bringt die Liebe für das Sein hervor. Wenn ich den Kern eines Menschen spüre, wahrnehme, wer er ist und warum er Dinge tut, entsteht dieses starke Gefühl. Mein Verständnis für die Ursachen seines Verhaltens dient aber nicht als Rechtfertigung oder Entschuldigung für seine Handlungen, sondern ermöglicht es mir, ihn in der Tiefe wahr- und anzunehmen. Es gibt nichts an ihm, was anders sein müsste, nichts, wofür ich ihn entschuldigen müsste. Dieser Weg führt mich durch seine Geschichte und seinen Schmerz hindurch – dorthin, wo ich seine Essenz wahrnehmen kann. In der Verbundenheit mit ihm kann ich mich voll und ganz dem

Spüren seines Selbst hingeben und erfahre sein Inneres auf wertfreie Weise. Ich spüre und liebe ihn so, wie er ist, denn Liebe braucht keine Bedingungen, Erklärungen und Entschuldigungen.

Aus diesem Gefühl der Annahme und Liebe heraus ging ich meiner Leidenschaft nach, den Menschen als Ganzes zu spüren und wahrzunehmen. Ich nutzte jede Gelegenheit, um spielerisch meinem Forscherdrang zu folgen. Wie eine Detektivin gab ich alles, um einen »Fall« in seiner Gesamtheit zu erfassen. Ich ging vollkommen in meiner Aufgabe auf, so viele Einzelheiten wie möglich zu beobachten und zu sammeln. Dann setzte ich sie zu einem Gesamtbild zusammen, um daraus neue Erkenntnisse zu gewinnen. Dieses Bild half mir dabei, die Handlungen und Verhaltensweisen von anderen Menschen nachvollziehen und mir erklären zu können.

So liebte ich es, stille Beobachterin zu sein und zu erfassen, warum ein Mensch gerade in dieser Situation, die ich mit ansah, auf genau diese Weise reagierte, was mich dazu brachte, mein Fingerspiel zu erfinden. Jeder Finger stand für eine andere Person, und ich spielte leidenschaftlich die Szenen nach, deren Zeugin ich geworden war. Dabei konnte ich meine Gefühlssinne mit meinen Gedanken kombinieren, wodurch ich den Zusammenhang zwischen den verdrängten Gefühlen der Menschen und ihren Verhaltensweisen erfassen lernte. Ich erkannte, wie stark der Einfluss dieser unbewussten Gefühle ist und dass sie der Auslöser für die meisten Konflikte waren.

Die Frage: »Was wäre, wenn …?«, brachte mich dazu, immer wieder das Drehbuch zu verändern. Ich überlegte, wie meine Darsteller in Anbetracht der Gefühle, von denen sie beeinflusst wurden, anders hätten reagieren können. Deshalb spielte ich verschiedene Varianten durch, indem ich die Menschen immer wieder anders handeln ließ. Wenn ein Mensch beispielsweise durch eine Äußerung eines anderen verletzt wird, kann ein unbewusster Schmerz aktiviert werden, der sich bei der einen Person darin zeigt, dass sie sich schwach und ohnmächtig fühlt und nicht mehr handeln kann. Bei einer anderen Person kann es vielleicht dazu führen, dass sie überreagiert und dabei verletzend wird.

Ich spielte auch nach, was geschieht, wenn die Person ihrem Gegenüber sagt, dass sie sich verletzt fühlt, und wie diese Äußerung den Verlauf der Situation beeinflussen würde. Je nachdem, wie das Gegenüber auf diese Offenheit reagierte, veränderte sich die Situation wieder, und ich bezog auch diese verschiedenen Reaktionsmöglichkeiten mit in meine Überlegungen ein. So gab es unglaublich viele Möglichkeiten, in die ich mich gleichsam vertiefte und immer nachspürte, wie diese sich jeweils auf die Gefühlswelt der Beteiligten auswirkten. Dadurch wurde mir bewusst, von wie vielen Faktoren das Handeln eines Menschen abhängig ist.

In meinen Fingerspielen ging es nie darum, eine Lösung zu finden, sondern ich folgte einfach meiner Freude am Experimentieren und Spüren. So konnte ich Stunden damit verbringen, dem menschlichen Verhalten auf die Spur zu kommen. Ich gab mich dem Variieren und Wahrnehmen von Gefühlen und Handlungsweisen hin und ging völlig darin auf wie ein Musiker, der es genießt, sich immer und immer wieder mit seinen Melodien und Kompositionen zu beschäftigen, sie mit sich zu tragen und sie zu variieren. Oder wie ein Koch, der jede Nuance eines Gerichts herausschmecken kann und den das Zusammenspiel aller Zutaten immer neu herausfordert und fasziniert. Es erfüllte mich, jedem Gefühl und seinen Ausdrucksformen zu folgen, und ich liebte die Herausforderung, auch schwierigen Situationen bis auf den Grund ihrer Ursachen zu gehen, um von dort aus alternative Handlungs- und Denkweisen auszuprobieren. Ich glühte innerlich dafür, all die verschiedenen Möglichkeiten wahrzunehmen und zu spüren, wie sie sich anfühlten. Achtsam und bis ins kleinste Detail erforschte ich das, was im Verborgenen lag. Dieses Spüren der Gefühle, ihnen nachzugehen und sie sich entwickeln zu lassen, das Präsentsein und mehr zu sehen und zu spüren als das Offensichtliche, diese tiefgehende Wahrnehmung war meine Welt, die mich so sehr faszinierte. Die Leidenschaft für das Spüren mit den inneren Sinnen, um das feinstoffliche Geschehen wahrzunehmen, ist die Liebe für die Wahrhaftigkeit des Augenblicks.

Diese Leidenschaft und Liebe führten mich in viele verschiedene Zustände der Verbundenheit. Während ich mich dem Spüren hingab, vermittelten mir meine Lehrer Übungen, um Zusammenhänge auf immer tieferen Ebenen verstehen zu können. So fand ich in der Verbindung zu meinem eigenen Körper und dem anderer Menschen bis in die kleinste körperliche und energetische Einheit – unsere Zellen – hinein. In der unmittelbaren Erfahrung lernte ich, ihren Aufbau und ihre Funktionen von innen heraus zu erfassen und mit ihnen zu arbeiten.

Eines Tages saß ich in Verbundenheit mit meinen eigenen Zellen in meinem Zimmer, als sich meine Wahrnehmung zu meinem Sofa hin ausdehnte. Ich folgte ihr und wurde angezogen von den Schwingungen, die von ihm ausgingen. So wie man seinen Blick auf eine bestimmte Weise auf ein Bild fokussieren muss, um die darin verborgene dreidimensionale Abbildung zu erkennen, so stellte ich meine inneren Sinne und mit ihnen jede Zelle meines Körpers auf die Wahrnehmung der Moleküle meines Sofas ein. Von dort aus ließ ich mich weiter auf eine Erfahrung ein, in der ich schließlich in Verbindung zu immer kleineren Teilchen landete und die Essenz dessen spürte, was allem Lebendigen und ganz offenbar auch allem anderen zugrunde liegt, das im Allgemeinen als tote Materie betrachtet wird. Ich spürte, wie alles, wirklich alles, was existiert, aus derselben Essenz besteht. Wir und alles andere sind gleich. Ein Gefühl des Eins-Seins, das einen auch von dem letzten Funken befreit, sich selbst allzu ernst zu nehmen, nahm mehr und mehr Raum in mir ein. Aus dieser Erfahrung ging eine noch intensivere Achtsamkeit hervor für alles, was existiert. Ich genoss, wie sich diese immer weiter in mir entfaltete und eine neue Form der Liebe für die Menschen in mir hervorbrachte.

Auch wenn dieser Zustand dem des ozeanischen Gefühls ähnelt, unterscheidet er sich dennoch von ihm. Die verschiedenen Zustände der Verbundenheit, die man erleben kann, bringen alle verschiedene Seinszustände mit sich. Im Spüren und Erfahren der Essenz von Molekülen und Zellen offenbaren sich für das Leben wertvolle Erkenntnisse und Gesetzmäßigkeiten. In einem physikalischen Experiment hat man einen Gegenstand einem Magnetfeld ausgesetzt, das um 200fach stärker war als das Magnetfeld der Erde. Dies bewirkte, dass die Gravitation keinen Einfluss auf den Gegenstand mehr hatte, er abhob und innerhalb des Feldes des Magneten schwebte. Stellen Sie sich nun vor, Sie würden die Gesetzmäßigkeiten der Schwingungen von Molekülen und Atomen kennen– was wäre dann nicht alles möglich?

Das Steinespiel

Einige meiner Spiele entstanden durch Inspirationen meiner Geistigen Lehrer, so auch das folgende, das ich auf dem Nachhauseweg von der Schule mit meiner Freundin Lisa entdeckte. Wir liefen am Bach entlang, sammelten Steine und zeigten uns fröhlich unsere Schätze.

Inspiriert von meinen Lehrern, ließ ich die Steine fallen und freute mich auf ein neues Spiel, das bereits begonnen hatte. Aufmerksam betrachtete ich das Bild, das nun vor mir lag. Darin erkannte ich einen übergeordneten Zusammenhang zwischen der Art, wie sie zueinander in Beziehung standen, und der augenblicklichen Situation innerhalb meiner Familie. Ich spürte die Bedeutung jedes einzelnen Steins, der entweder für ein bestimmtes Familienmitglied oder eine seiner Eigenschaften stand. Das Bild, das sich durch die Konstellation der Steine zueinander ergab, war wie eine Momentaufnahme meiner familiären Beziehungen. Darüber hinaus sah ich Situationen und Ereignisse, die sich in meiner Familie zugetragen hatten, und erkannte deren

Hintergründe. Die Stimmigkeit und Wahrhaftigkeit, die dieser Augenblick für mich bereithielt, berührten mich sehr, und ich sah, dass wirklich nichts dem Zufall überlassen ist, sondern alles dem Gesetz der Resonanz folgt. Fasziniert von der Klarheit, die mein neues Spiel brachte, wollte ich nun meine Freundin Lisa daran teilhaben lassen.

Lisa kannte bereits meine etwas andere Art zu spielen und war sofort bereit mitzumachen. Ich forderte sie auf, einen ihrer Steine so auf den Boden zu legen, dass es sich für sie richtig anfühlte. Während sie dies tat, spürte ich eine Spannung in ihr, da sie in ihrem Inneren hin und her gerissen war. Einerseits wollte sie unbewusst bestimmte Gefühle lösen, aber andererseits wollte sie nicht an sie heran. Dennoch ließ sie sich weiter darauf ein und legte, von ihrer Intuition geführt, ihren ersten Stein. Ich erklärte ihr, dass es sich bei diesem Stein um ihren Vater handelte und sie nochmals einen dazulegen sollte. Wir waren beide gespannt, was als Nächstes geschehen würde, als Lisa einen weiteren Stein in sicherer Entfernung dazulegte. Nickend nahm sie zur Kenntnis, dass es sich hierbei um ihre Mutter handelte. Lisa legte den letzten Stein in deren Mitte und verstand, dass dieser sie selbst repräsentierte.

Als sie sah, wie weit die Steine ihrer Eltern voneinander entfernt lagen, wurde ihr zum ersten Mal die Situation in ihrer Familie bewusst, und sie wurde sehr traurig. Ihre Eltern hatten sich schon vor einiger Zeit getrennt, und Lisa konnte nun deutlich spüren, welche Gefühle dieses Erlebnis in ihr ausgelöst hatte. Ich glaube, Lisa hatte noch nie zuvor ihre Wut und Trauer über die Trennung ihrer Eltern herausgelassen. Sie warf die Steine weg und weinte. Ich saß bei ihr und gab ihr das Gefühl, dass alles in Ordnung war, was aus ihr hervorsprudelte.

Ich war beeindruckt davon, wie viel Lisa in unseren Spielen immer wieder bereit war zu wagen und wie viel Stärke damit verbunden war, dass sie all das nehmen konnte, was ihr darin begegnete. Manchmal, wenn sie dabei war, sich in ihren Gefühlen zu verlieren, half ihr das Einruhe-Spiel, das wir schon öfter gespielt hatten. Auch in diesem Moment, in dem sich ihre Trauer und Wut immer wieder vermischten, geriet Lisa außer sich und begann daraufhin, sich »einzuruhen«, um in ihre Erdung und Abgrenzung zu gelangen.

Von Kindheit an unterrichteten mich meine Lehrer darin, diese Methode Phase für Phase zu durchlaufen. Ich nannte sie als Kind Einruhen, da mir schon die ersten Schritte dabei halfen, eine tiefe und klärende Ruhe in mir zu finden. Und das fühlt sich genauso an wie dieses Wort, das ich dafür erfand. Später als Erwachsene nannte ich es Zentrierung, denn dieses Wort kommt dem am nächsten, was dabei geschieht. Dabei geht es nicht nur um das Zentrum des Körpers, sondern auch darum, seinen ganzen Körper zu spüren, in ihm anzukommen und sich seiner bewusst zu werden. Aus den weiteren Phasen entsteht dann die Zentrierung des Bewusstseins, aus der heraus man den äußeren Umständen sowie den eigenen Gefühlen mit Abstand begegnen und sie neutral wahrnehmen kann.

Lisa kannte das Einruhen bereits gut, und besonders während der Trennungsphase ihrer Eltern griff sie immer wieder instinktiv darauf zurück, um sich nicht zu stark in ihrer Angst und ihrem Schmerz zu verlieren. Jetzt, da sie dabei war, aus sich herauszugehen, konnte ich miterleben, wie fließend sie bereits wieder zu sich zurückkommen und in ihrem Ruhepunkt landen konnte. Von dort aus bekam sie einen gesunden Abstand zu ihren Gefühlen. Ich spürte die Erleichterung, die sich auftat, und beobachtete fasziniert den Prozess, der nun in ihr in Gang kam. Gemeinsam konnten wir nun all die Gefühle spüren, die durch unser Spiel zum Vorschein gekommen waren, und erlebten die heilsame Kraft, die daraus hervorging.

Jeder Moment des Lebens, ganz gleich, was er mit sich bringt, spiegelt unsere augenblickliche innere Wahrheit. Wenn man die Steine einfach nur fallen lässt, wie ich es getan hatte, ist es die innere Resonanz, die sich in dem äußeren Bild ausdrückt. Als Lisa aber die Steine legte, war es ihr Unbewusstes, das sich zeigte. Auch wenn man wie sie innerlich hin und her gerissen ist, weil man das Gefühl von sich fernhalten will, so möchte sich doch die innere Wahrheit zeigen und bringt die Stimmigkeit des Bildes hervor, das sich aus den Steinen ergibt. Das Unbewusste bewirkt also, dass man die Steine intuitiv so positioniert, dass sich die Wahrheit darin zeigen kann.

In der Psychotherapie nutzt man dieses Phänomen schon seit vielen Jahrzehnten in so genannten Aufstellungen. Dabei stellt der Klient Menschen auf, die zum Beispiel für seine Familienmitglieder stehen. Die räumliche Anordnung spiegelt die Position jedes Einzelnen, zeigt, wie sie miteinander in Beziehung stehen, und führt den Klienten in die Prozesse, die dadurch ausgelöst werden. Aufstellungen sollen ihm unter anderem ermöglichen, sich über seine Situation innerhalb eines Beziehungsgeflechts und über seine Gefühle bewusst zu werden. An jenem Tag mit Lisa lernte ich die Grundregeln dieser Therapieform.

ReSource

In allen meinen Spielen zeigte sich meine Leidenschaft für das Spüren. Auch wenn ich wie andere Kinder gerne mit Freunden draußen herumtobte, Musik hörte und fernsah, standen meine eigenen Spiele für mich an erster Stelle. In ihnen fand ich am meisten Freude und Erfüllung, da ich dem nachgehen und das in all seinen Facetten erleben konnte, was ist, was war und was werden wollte.

Eines meiner Lieblingsspiele ist ReSource, denn in ihm konnte ich mich voll und ganz dem Spüren meiner selbst hingeben. Zunächst war es für mich eine Forschungsreise in mein Inneres, auf die ich mich jeden Tag auf dem Nachhauseweg freute. Kaum zu Hause angekommen, warf ich meine Sachen in die Ecke und legte oder setzte mich hin, um unmittelbar zu erleben, was mich augenblicklich bewegte.

Der erste Schritt war, zunächst meinen Körper zu spüren, in meinem Zimmer und bei mir anzukommen. Dann ließ ich meinen Spürsinn in mir wandern und ertastete die Stelle, die mich am stärksten anzog. Dort blieb ich mit meiner Aufmerksamkeit und nahm wahr, was sich mir an Gefühlen zeigen wollte. Ich tastete mich langsam und behutsam an die Empfindung heran, die ich dort vorfand, und spürte ihre Schwingungen. So gab ich mich mit all meiner Aufmerksamkeit diesen ersten Impulsen hin, die mir zeigten, was augenblicklich anlag. Wenn ich etwas in mir wahrnahm, das schmerzhaft war, dann war es für mich nichts, was ich loswerden wollte, sondern jedes Gefühl war mir gleich lieb und dieses eine eben einfach nur schmerzhaft. Oder wenn etwas schwierig zu spüren war, dann war es eben schwierig und nichts, das mich dazu gebracht hätte, mein Spiel zu beenden. Ich war offen und bereit, mich und meine Gefühle bedingungslos wahrzunehmen. Sie durften einfach nur da sein, und ich genoss die Klarheit und Tiefe, die entstehen, wenn sich diese Wahrhaftigkeit des eigenen Inneren zeigen darf – ganz gleich, in welcher Form.

Auf meiner Reise durchlief ich immer bestimmte Phasen, um in die Wahrhaftigkeit des Augenblicks hineinzukommen, sie zu erleben oder auch wieder zu ihr zurückzufinden. Diese Phasen des Erdens, des Gewahrseins, bedingungslosen Spürens und Loslassens waren gleichzeitig Orientierungspunkte in meinem Spiel. Sie gehen fließend ineinander über und bauen aufeinander auf. Denn wenn man nicht geerdet ist, kann kein Gewahrsein entstehen, und ohne Präsenz und Gewahrsein kann man die Wahrhaftigkeit nicht zulassen und bedingungslos spüren. Ebenso wenig kann man loslassen, ohne durch die Phase gegangen zu sein, den Moment bedingungslos angenommen zu haben.

Es ist ganz natürlich, dass es an manchen Tagen und in manchen Situationen schwierig sein kann, sich zu entfalten und mit allem einfach zu sein. Wenn man zum Beispiel wütend ist und bildlich gesprochen vor Wut an der Decke hängt, dann ist man außer sich. In diesem Moment kann es also nicht helfen zu versuchen, alles anzunehmen, was man spürt. Der erste Schritt wäre hier, sich wieder »herunterzuholen« und auf die Erde zu kommen, indem man bei sich ankommt. Erst wenn man bei sich angekommen ist, kann man die weiteren Schritte der Phasen durchgehen. Wenn man diese Spielregeln beherrscht, spürt man, an welcher Station, in welcher Phase man sich gerade befindet und somit auch, wo man einsteigen sollte.

Die erste Empfindung, der ich in meinem Spiel begegnete, war wie eine Öffnung für das, was in diesem Moment anstand und was sich dahinter befand. Mal ging es darum, sich gedanklich mit einer Sache auseinanderzusetzen, oder auch nur darum, tiefer in mir anzukommen. Manchmal zog es mich in das Spüren eines Gefühls hinein, und manchmal tauchte ich in die bedingungslose Hingabe ein, in der einfach alles geschehen durfte, was geschehen wollte. Oder aber ich ging in eine der anderen Phasen hinein – je nachdem, was der Augenblick mir zeigte und was somit anstand. Auf diese Weise holte ich das, was mich augenblicklich unbewusst bewegte, in mein bewusstes Erleben hinein. Durch dieses natürliche Zulassen dessen, was war, gelangte ich zur Wurzel dessen, was mich bewegte. Alles durfte sein, wie es in diesem Augenblick war, und im unmittelbaren Spüren von mir selbst genoss ich die heilsame Wirkung, die darin lag.

Diese innere Präsenz und Bewusstheit waren es, die mich in den Zustand des Annehmens hineinführten. Die bedingungslose Hingabe an den Augenblick und an alles, was es wahrzunehmen gibt, ist die Brücke zur Transformation aller Gefühle, die ins Unbewusste verdrängt wurden. Frei vom Wollen und Tun gelangte ich in den Fluss dessen, was in mir geschehen wollte, in den Fluss der Transformation. Im Genießen des wahrhaftigen Spürens dürfen sich Gefühle lösen, und es darf gehen, was gehen möchte.

ReSource war das Königsspiel unter meinen Spielen, und voller Begeisterung erzählte ich meinen Freunden davon. Ich wollte es so gerne weitergeben und die Freude darüber mit ihnen teilen, doch leider bemerkte ich, dass sie es nicht als Spiel verstehen konnten. Auch als ich erzählte, wie schön es sein kann, sich selbst in all den unterschiedlichsten Gefühlen und Zustände zu spüren, ließ sich keiner davon beeindrucken. Also machte ich erstmal allein weiter und lernte, es vorerst für mich zu behalten. Gleichzeitig fragte ich mich, warum die anderen mein Spiel nicht annehmen konnten.

Dann erinnerte ich mich daran, dass auch ich manchmal zögerte, einem Gefühl zu begegnen. Es zog zwar meine Aufmerksamkeit an, doch gleichzeitig hielt ich mich zurück, dem Verlauf dieses Gefühls zu folgen, und spürte meine Angst davor. Vorsichtig tastete ich mich dann aber wieder heran und nahm einen starken Sog wahr, der von einem Gefühl ausging, das schon dabei war, mich zu überwältigen. In diesem Moment rieten mir meine Geistigen Lehrer, erst einmal wieder zu mir zu kommen und Abstand zu nehmen. Sie erinnerten mich daran, mich zu zentrieren und dadurch wieder in meinem Körper anzukommen und präsent zu sein. Ich folgte ihrem Rat, sammelte mich und bemerkte, wie sich eine tiefe Ruhe in meinem Körper ausbreitete. Nun konnte ich das Gefühl mit Abstand sowie der notwendigen Neutralität wahrnehmen und ihm gleichzeitig bis in seine Tiefen folgen.

Durch die innere Zentrierung kam ich in meine Erdung und Klarheit zurück. Nun konnte ich mich von meiner Angst distanzieren und auch lernen, mich nicht in meinen Gefühlen zu verlieren. Indem ich mich zentrierte und bei mir war, übernahm ich selbst wieder das Ruder in meinem Spiel, anstatt mich von meinen Gefühlen ergreifen zu lassen. Ich konnte sie neutral spüren, ohne dabei zu leiden und ohne mich als Opfer äußerer Umstände zu fühlen. Es waren einfach Gefühle, die zu mir gehörten und in mir waren. Durch die Zentrierung findet man in sich selbst einen Halt, um sich auf seine Gefühle einlassen zu können, und dadurch auch das Vertrauen, dass nichts im eigenen Inneren so schlimm und überwältigend sein kann, dass man es nicht aushalten könnte. Dabei wurde mir bewusst, dass man, wenn man gelernt hat, sich zu zentrieren, immer und in jeder Situation die Wahl hat, bei sich zu bleiben oder sich zu verlieren.

Als ich ungefähr zwölf Jahre alt war, wurde aus meiner spielerischen Forschungsreise ein kraftvoller Weg der Persönlichkeitsentwicklung. Ich begegnete mir selbst auf immer tieferen Ebenen und ging durch Prozesse, in denen sich verdrängte Gefühle transformierten. Je mehr inneren Konflikten ich begegnete, desto unmittelbarer konnte ich die Resonanzen wahrnehmen, durch die ich äußere Konflikte und Geschehnisse angezogen hatte. Das Leben zeigt uns in jedem Augenblick auf sehr vielfältige Weise, was wir im Inneren verdrängen. In ReSource hatte ich einen Weg gefunden, um meine Resonanz zu den äußeren Geschehnissen zu spüren und zu lösen. Ganz gleich, was ich erlebte und spürte, ob ich mich körperlich verletzt oder Ärger hatte – mit meinem Spiel konnte ich den Ursachen der Geschehnisse in meinem Leben auf den Grund gehen und sie lösen.

So auch an einem Sommertag, an dem ich bei Renovierungsarbeiten an unserem Haus half. Es war eine Gemeinschaftsaktion, denn alle Familienmitglieder mussten anpacken. Die Stimmung war unterschwellig etwas angespannt. Familienthemen sitzen ja bekanntlich am tiefsten, und ich weigerte mich, genau hinzusehen, was eigentlich los war. Hinzu kam noch, dass einer meiner Brüder nicht aufhören wollte, mich zu ärgern. Da ich auf einen harmonischen Ablauf unserer Aktion bedacht war, versuchte ich, ihn zu ignorieren. Doch wie immer, wenn ich etwas nicht sehen wollte, geschah etwas, das mir die Wahrheit vor Augen führen sollte.

Ich war gerade dabei, Baumaterialien vom Auto zum Haus zu bringen, als ich in eine Wespe trat. Im selben Moment fühlte ich ihren Stachel und ihr Gift in meinen Fuß eindringen. Ich ließ alles stehen und liegen und setzte mich auf die Wiese vor unserem Haus, um zu spüren, was hier vor sich ging. Die anderen amüsierten sich darüber, dass ich mal wieder meditieren ging, wovon ich mich nicht irritieren ließ, denn ich kannte ihre Scherze ja schon. Ich zentrierte mich und spürte den Stich. Es tat weh, und ich ging in den Schmerz hinein. Er pochte und prickelte stark. In ihm fühlte es sich dunkel und rot an, und ich spürte meine Aggressionen darin. In diesem Moment hörte ich ein tiefes, lautes Brummen, das immer näher kam. Ein ganzer Schwarm Wespen flog auf mich zu und schwirrte wie wild um mich herum. Ich blieb ruhig, stand aber nicht auf, sondern erkannte, dass mir das Auftauchen der Wespen helfen konnte, noch tiefer in meinen Prozess zu gelangen.

Indem ich die um mich herum kreisende Wespenschar und ihre Anwesenheit in mein Spüren integrierte, konnte ich das kribbelige Gefühl der Aggression in aller Deutlichkeit spüren, es da sein lassen, es stehen lassen und einfach wahrnehmen, wie es sich anfühlte. Ich begann, mich ihm zuzuwenden, und spürte, wie sich das Kribbeln über die ganze Fußsohle ausbreitete. Ich gab mich dem Schmerz hin und genoss es, mich wahrzunehmen, als ich bemerkte, dass das Brummen über meinem Kopf nachgelassen hatte und die Wespen abzogen. Zur selben Zeit verschwand auch der Schmerz auf meiner Fußsohle.

Als ich mir den Stich anschauen wollte, war er kaum noch da. Ich war nun in Frieden mit mir und der Situation und ging wieder zu meiner Familie zurück, die nicht mitbekommen hatte, mit welchem Überfallkommando ich soeben noch beschäftigt gewesen war. Dennoch fiel mir auf, dass die vorherige Anspannung nachgelassen hatte. Aus der gelockerten Atmosphäre heraus entschuldigte sich mein Bruder bei mir dafür, dass er mich zu ruppig herumkommandiert hatte. Was mich aber noch mehr freute, war, dass meine kleine Meditation auch langfristige Veränderungen in meiner Familie hervorgerufen hatte.

Ist es nicht erstaunlich, dass eine Situation harmonischer wird, indem man die Disharmonie und die damit verbundenen Aggressionen zulässt? Und dass man umgekehrt auf verschiedenen Ebenen aggressiver wird, wenn man seinem Verlangen nach Harmonie nachgibt und dabei die Disharmonie verdrängt? Der Weg zur Harmonie ist also der Weg des Erkennens und des Bei-sich-Bleibens, damit man nicht in Reaktionsmuster verfällt. Dann kann man handeln, anstatt zu reagieren, und annehmen, was hinter der Disharmonie steht.

Jeder Schritt, den ich durch ReSource gehen konnte, war eine klärende Erfahrung, die bewirkte, dass sich Resonanzen in mir lösten und ich bestimmte Situationen nicht mehr anzog. Je mehr ich beobachtete, welche Auswirkungen meine Meditation auf mich und mein Leben hatte, desto unmittelbarer spürte ich, was eine Situation in mir bewirkte. Fühlte ich mich zum Beispiel durch irgendetwas verletzt, zentrierte ich mich sofort und spürte sehr detailliert, welche »Knöpfe« gedrückt worden waren und was dadurch ausgelöst wurde. Das Wichtige dabei war, dass ich mich nicht mit dem Gefühl identifizierte, sondern in der Zentrierung bei mir bleiben konnte.

In akuten Situationen, in denen man Wut, Schmerz oder Enttäuschung erfährt, reagiert man meistens aus diesen Gefühlen heraus. Erst hinterher bemerkt man, wie man aus sich herausgegangen und von seinen Gefühlen übermannt worden ist. Man hat dann Dinge gesagt oder getan, die vielleicht nicht angemessen waren und deshalb auch nicht zur Lösung eines Problems beitragen konnten. Als ich begann, die Phasen meiner Methode in meinen Alltag zu integrieren, lernte ich, mich abzugrenzen und meine Resonanz zu dem Problem zu spüren. In der unmittelbaren Konfliktsituation gab ich meinen Gefühlen den Raum, in dem sie sich mir in aller Klarheit zeigen konnten, wodurch sich eine heilsame Wirkung in mir entfaltete. Dadurch konnte ich mehr und mehr bewusst handeln, anstatt aus einem Affekt heraus zu reagieren.

Mit meiner Leidenschaft für das Spüren hatte ich ReSource entdeckt. Mehr und mehr erkannte ich die jeweiligen Schritte, die ich ging, um in der Tiefe alles zulassen und annehmen zu können, was in mir und um mich herum geschah. Mir wurde bewusst, dass unsere verdrängten Gefühle der Ursprung sehr vieler Probleme sind. Diesen können wir auf den Grund gehen, indem wir uns bedingungslos auf den Augenblick einlassen und ihn als Öffnung nutzen, um uns selbst und unsere innere Authentizität unmittelbar zu erleben.

Die Leichtigkeit, die für mich mit meinem Spiel verbunden war, hat mich nie verlassen. Meine Wahrnehmung und mein intensives Spüren bringen die Verbundenheit mit mir selbst, anderen Menschen und allem Lebendigen um mich herum mit sich. In dieser Verbundenheit darf alles sein, wie es ist, weshalb ich in ihr annehmen und genießen kann, was ich spüre und wahrnehme. So ist

Glück für mich nicht das Ausbleiben von Problemen, Konflikten und bestimmten Gefühlen, die im Allgemeinen als unangenehm bewertet werden. Glück ist für mich, annehmen zu können, was in mir und um mich herum geschieht, also auch die schwierigen Zeiten.

Solange man sich jedoch gegen die Gefühle wehrt, die einem unangenehm sind und die man deshalb negativ bewertet, wehrt man sich gleichzeitig auch gegen Ereignisse und Erfahrungen, die diese Gefühle mit sich bringen. Dadurch verhindert man, im Fluss des Lebens einfach nur zu sein und alles als Chance für die eigene, natürliche Weiterentwicklung wahrhaftig anzunehmen.

Annehmen ist das Gegenteil von Verdrängung, die die Ursache von vielen Problemen ist. Deshalb liegt es mir sehr am Herzen, verständlich zu machen, was aus meinem Empfinden heraus wahrhaftes Annehmen ist, das nicht nur der Heilung, sondern auch einem glücklichen und zufriedenen Leben dienlich ist. Das Thema des Annehmens beziehungsweise Angenommenseins zeigt sich für viele von uns schon in der Beziehung zu den eigenen Eltern. Wir alle hätten es uns wahrscheinlich gewünscht, in jedem Moment, egal, wie wir fühlten und was wir taten, akzeptiert und angenommen zu werden. Jeder Mensch will gesehen werden, und tief in uns ist das Bedürfnis, willkommen zu sein und das Gefühl zu haben, voll und ganz okay zu sein und dazuzugehören. Da auch unsere Eltern die Erfahrung gemacht haben, nicht bedingungslos angenommen worden zu sein, konnten sie uns oft nur aus ihrer eigenen Bedürftigkeit heraus begegnen. Dann war das Gefühl, angenommen und geliebt zu werden, für uns möglicherweise damit verbunden, etwas leisten zu müssen, für unsere Eltern das Richtige zu tun und solche Verhaltensweisen zu vermeiden, die sie als falsch ansehen würden.

Dieses Wertesystem der Eltern verankerte sich tief im Unterbewussten und beeinflusst einen auch als Erwachsenen in seinem eigenen Tun und Denken. Dies sorgt dafür, dass diejenigen Anteile und Gefühle verdrängt werden, für die man von den Menschen, deren Liebe man suchte, nicht angenommen wurde. Unbewusst beschäftigt man sich also immer noch mit den Fragen: Was würden meine Eltern dazu sagen? Wie kann ich es ihnen recht machen? Das elterliche Wertesystem ist ein Teil des eigenen Systems geworden. Die Suche nach der bedingungslosen Annahme und Liebe sowie der Schmerz, sie nicht bekommen zu haben, ziehen sich wie ein roter Faden durchs Leben.

Annehmen ist ein Zustand, der frei ist von Dualität, von richtig oder falsch, gut oder schlecht. In ihm darf sich die Wahrhaftigkeit unseres Seins zeigen. Jeder Mensch hat seine ganz individuellen Widerstände, Mechanismen und Ängste, die ihn davon abhalten, seine Gefühle wie auch sich selbst als Ganzes anzunehmen. Man kann diese Widerstände nicht ignorieren und übergehen, indem man sich vornimmt, sich heute einmal anzunehmen. Man kann sich das genauso wenig vornehmen, wie einen Menschen zu lieben, den man nicht mag. Annehmen kann nicht aus einem Wollen heraus geschehen, also nicht dadurch, dass man eine Situation, einen Menschen oder ein Problem annehmen will. Es geschieht aus dem Spüren und Wahrnehmen heraus, indem man alles stehen lassen kann, wie es ist. Annehmen ist ein Bewusstseinszustand und keine Handlung.

Viele kleine und große Schritte sind notwendig, durch die man das Vertrauen und die Bereitschaft entwickelt, alle Gefühle willkommen zu heißen und sie zuzulassen, ganz gleich, was sie mit sich bringen. Diese Schritte finden sich in den Phasen von ReSource wieder, durch die man auf der Erde, bei sich, in seinem Körper und in der Wahrhaftigkeit des Hier und Jetzt ankommen kann. Die Basis, um diese Schritte gehen und seinem Prozess darin folgen zu können, ist, Abstand vom Außen zu haben und seinen Ruhepunkt zu spüren, um sich dadurch von der bewertenden Sichtweise zu entfernen. Dann erst gewinnt man die Neutralität, um sich selbst zu begegnen, zu schauen, was ansteht, und seine Gefühle zulassen zu können. All die Kraft, die man unbewusst dafür aufgewendet hat, seine Gefühle und Thematiken zu verdrängen und von sich fernzuhalten, kann wieder frei fließen.

Da Liebe die vollendete Form des Annehmens ist, ermöglichen es die verschiedenen Phasen meiner Methode, in die eigene Liebe zu kommen und diese zu leben. Schritt für Schritt löst sich die Bedürftigkeit nach der bedingungslosen Liebe, die so viele Menschen außerhalb von sich suchen. Wenn man bereit ist, einen Weg zurück zu sich selbst zu gehen, kann man sie im eigenen Inneren finden. Aus der Zentriertheit und der Annahme seiner selbst kann man sich willkommen heißen und sich selbst geben, was man braucht. Die Basis für ein erfülltes Leben ist für mich, es gut mit mir selbst haben zu können, egal, was geschieht – dies ermöglichte mir ReSource.

Aus Spiel wird Wirklichkeit

Mit der Zeit verinnerlichte ich meine Meditation wie einen Bewegungsablauf, den man tagtäglich ausführt. Sie gehörte zu meinem Alltag einfach dazu und bald sollte sich eine Möglichkeit auftun, ReSource mit anderen Menschen zu teilen. Als ich fast vierzehn Jahre alt war, machte ich einen Massagekurs, in dem ich mit Abstand die Jüngste war und gleichzeitig eine der Ersten, die ihre Massagekünste anwendeten. Zwei Freundinnen meiner Mutter und eine Nachbarin wollten sich gerne massieren lassen, und ich freute mich, meine Leidenschaft für das Behandeln von Menschen auf diese Weise zum ersten Mal so unmittelbar ausleben zu können.

Während der ersten Sitzungen stellte ich fest, dass meine Klientinnen durch die Massage zu einem guten Körpergefühl fanden und dadurch leicht ins Spüren hineinkamen. Es war nicht zu übersehen, dass sie nicht nur die Massage genossen, sondern auch, meine Aufmerksamkeit und Wahrnehmung zu bekommen, die automatisch von den Stellen angezogen wurden, die einer

Behandlung bedurften. So blieb ich manchmal sehr lange an einem Punkt, und anstatt zu massieren, berührte ich ihn nur und ließ meine Hand dort liegen, damit die Frauen ihn besser spüren konnten. Mit jeder Sitzung öffneten sie sich ein Stück mehr, um sich von mir in ihre Gefühle und Prozesse hineinleiten zu lassen. So begann ich, ReSource mit anderen Menschen zu teilen und sie zu behandeln. Die angenehmen Erfahrungen, die meine ersten Klientinnen dabei machten, führten dazu, dass sie mich in meiner Arbeit ernst nahmen und regelmäßig zu mir kamen.

Oftmals kamen sie gestresst von ihrem Alltag und aufgewühlt von den Ereignissen des Tages, weshalb ich ihnen die erste Phase des Einruhens, wie ich die Zentrierung immer noch nannte, beibrachte. Dadurch konnten sie erst einmal wieder bei sich und in ihrer Ruhe ankommen. Ich leitete sie an, durch ihren Atem zu sich zu kommen, ihren Ruhepunkt zu finden und sich diesem hinzugeben. Wenn sie dies zulassen konnten, entstand ein Gefühl des tiefen Friedens, der sich langsam in ihrem ganzen Körper ausbreiten durfte. Dieser Frieden ermöglichte ihnen, Abstand zu gewinnen zu allem, was sie noch beschäftigte und was sie aus ihrem Alltag noch bei und in sich trugen.

Bald bemerkte ich, wie wichtig es besonders für Jette, eine meiner Nachbarinnen, war, aus ihrem Ruhepunkt heraus weitere Schritte der Zentrierung zu lernen, um in ihre Erdung und Abgrenzung zu kommen. Sie war ein sehr luftiges Wesen ohne direkten Kontakt zu ihrem Körper. Gleichzeitig war sie feinfühlig und offen dafür, Gefühle und Energien in sich aufzunehmen, da sie sehr am Außen orientiert war. Dabei neigte sie dazu, sich aufzuopfern und mehr für andere da zu sein, als ihr guttat. Ich spürte, wie viel in ihr und in ihrer Aura nicht zu ihr selbst gehörte und wie leicht sie sich davon lösen könnte, wenn sie sich einruhte beziehungsweise zentrierte und dabei erdete.

Je mehr sie sich auf ihren Ruhepunkt einlassen konnte, desto präsenter wurde sie in ihrem Körper und konnte einfach stehen lassen, was dort vor sich ging. Aus dieser innerlichen Präsenz heraus konnte sie sich in ihre Erdung hineinentwickeln. Das heißt, es ist ein fließender Übergang in den Prozess der Erdung hinein, in dem man sich nichts vorstellen oder visualisieren und nichts beeinflussen muss, denn er ist die natürliche Folge innerhalb einer Phase der Zentrierung.

Jette spürte, wie sie im Hier und Jetzt ankam, sich darin fallen lassen konnte und sich automatisch verankerte. Sie genoss diesen Zustand sehr, denn in ihm konnte sie zum ersten Mal ihre Kraft spüren, die Kraft, die hervorkommt, wenn man sich erlaubt, hier zu sein und seinen eigenen Raum einzunehmen. Bislang war sie meist damit beschäftigt gewesen, für andere da zu sein, aber jetzt lernte sie langsam, ihre eigenen Bedürfnisse wahrzunehmen und zu sich zu stehen. Natürlich gab es auch Widerstände in ihr, denn es hatte ja Gründe, weshalb sie nicht in ihrem Körper und hier auf der Erde sein wollte, sich also keine wirkliche Daseinsberechtigung geben konnte. Doch je öfter sie den Zustand ihrer Präsenz im Augenblick erlebte, desto mehr wuchs ihr Vertrauen, sich selbst zu begegnen. Dieser Zustand faszinierte sie derart, dass sie auch zu Hause regelmäßig ihre Zentrierung übte, was dazu führte, dass sich ihre Befindlichkeit auch im Alltag stark veränderte, da sie mehr geerdet war. Sie achtete nun mehr darauf, sich darin zu beobachten und unmittelbar zu reagieren, wenn sie bemerkte, dass sie außer sich geriet.

Noch in einer solchen Situation ging sie in ihren Ruhepunkt und ließ von dort aus ihre Erdung geschehen. Für mich war es eine ganz besondere Erfahrung zu sehen, wie diese zarte Frau, die körperlich nie richtig anwesend zu sein schien, von Tag zu Tag präsenter wurde, ihre Kraft und Größe in sich entdeckte und begann, diese zu leben.

Das Gewahrsein und diese Art der Zentrierung im eigenen Körper bringen es mit sich, dass man durch die Erdung in seine Abgrenzung kommt. Man lernt zu unterscheiden zwischen den Gefühlen, die zu einem selbst gehören, und solchen, die von außen kommen und die man übernommen hat. Dies war die nächste Phase der Zentrierung, in die Jette nach kurzer Zeit regelmäßigen Übens hineingehen konnte. Dabei lösten sich immer mehr Eindrücke und Gefühle in ihr und ihrem Energiesystem, die sie von anderen angenommen hatte. Sie wurde zunehmend klarer und ließ sich nicht mehr so stark beeinflussen von äußeren Eindrücken und Begebenheiten. Und wenn es doch geschah, konnte sie diese leichter erkennen und sich wieder davon lösen. Aus der Erdung entsteht also eine gesunde Abgrenzung, in der man einfach nur da ist, so wie man ist.

Eines Abends kam ich im Gespräch mit meiner anderen Klientin Solvej zu einem interessanten Punkt. Da ich bemerkte, wie ausgepowert sie war, erzählte sie mir, dass sie in ihrer Arbeit viel Stress hatte und wie müde sie war. Ich versuchte ihr zu erklären, dass es ihr nicht helfen würde, ihre Verspannungen durch Massagen immer nur vordergründig zu lösen, da sie ja nur die Auswirkungen von etwas ganz anderem waren. Ich sagte, es sei vielleicht besser, sich mit der Frage zu beschäftigen, wie sie ihre Arbeit entspannt erledigen könne. Auf diese Möglichkeit wollte sie jedoch nicht näher eingehen. Stattdessen schob sie die Ursachen ihrer Verspannungen ihrer Kollegin zu, mit der sie sich in einem Konkurrenzkampf befand. Solvej gab diesem Kampf viel Aufmerksamkeit, indem sie sich entweder über die Aktionen ihrer Konkurrentin ärgerte oder selbst damit beschäftigt war, diese zu provozieren. Sie arbeitete sehr viel und wollte unbedingt die bessere Mitarbeiterin sein. Ihre körperlichen Symptome, ihre Verspannungen und Erschöpfung waren ein klares Zeichen ihres Körpers, dass sie zu viel Energie in diese Geschichte investierte.

Solvej war in unseren Behandlungen bislang gut vorangekommen. Sie hatte Vertrauen in meine Arbeit und konnte sie ernst nehmen bis zu diesem Punkt des Gesprächs, als sie mir zu verstehen gab, dass ich in meinem Alter noch nicht verstehen könne, wie es im Geschäftsleben so zugeht. Damit wehrte sie eine wichtige Erkenntnis ab, denn in ihrem Inneren wusste sie, dass man keine Ahnung von der Arbeitswelt zu haben braucht, um wahrnehmen zu können, dass es jemandem nicht guttut, sich aufzuopfern und sich dadurch zu überfordern.

Mit ihrer Erschöpfung und inneren Anspannung, die sich auch in ihrem Körper zeigte, machte sich ein Thema bemerkbar, dem sie noch nicht begegnen wollte. Das »Schöne« an dem »Unschönen« ist, dass wir, wenn wir ihm offen begegnen, es als Chance annehmen können, um die dahinter liegende Resonanz, durch die wir es angezogen haben, zu erleben. Bestimmte Begegnungen und Situationen machen uns aufmerksam auf das, was wir nicht sehen können oder wollen. Es liegt dann an uns, diesen Hinweis zu verstehen und anzunehmen, das Erkannte zu integrieren und umzusetzen. Wenn wir dazu bereit sind, verändert sich die Resonanz, und wir ziehen dieses spezielle »Unschöne« nicht mehr an. Es liegt also auch an uns, was in dieser Welt geschieht, denn wir entscheiden, worauf wir uns einlassen und worauf nicht.

Es verging einige Zeit, bis Solvej eines Tages mit einer akuten Verletzung vor unserer Tür stand. Sie zeigte mir ihre verbundene Hand und bat mich um Hilfe. Ich spürte unmittelbar, wie ihre Hand unter dem Verband brannte, und nahm den Schock wahr, der sie immer noch begleitete. Aufgelöst erzählte sie mir, dass sie sich kochendes Wasser über die Hand geschüttet habe und gerade aus dem Krankenhaus zurückgekommen sei. Dort war ihr gesagt worden, dass es eine sehr heftige Verbrennung sei, die mehrere Wochen zur Heilung brauche und schlimme Narben hinterlassen würde. Während sie sprach, spürte ich, was in ihrem Inneren sie nicht hatte sehen wollen und was durch den Unfall nun an die Oberfläche kam.

Sie hatte nicht wahrhaben wollen, dass sie Dinge auf eine überaus aggressive Weise in die »Hand« nahm und dass daraus etwas entstanden war, was ihr und anderen nicht guttat. Dabei hatte sie sich sprichwörtlich an ihrem eigenen Kampf die Finger verbrannt. Ihr Unfall hatte sie außer Gefecht gesetzt, wodurch sie ihre Handlungsweise nicht weiter fortführen konnte. Sie war gezwungenermaßen ruhiggestellt, um sich ihres Themas auf andere Weise annehmen zu können. Ihre Frage, ob wir unsere Behandlungen und ReSource fortsetzen könnten, berührte mich sehr, denn dies zeigte mir ihre Bereitschaft, mit mir gemeinsam durch diesen Prozess zu gehen. Solvej war nun offen dafür, sich selbst in dieser Situation und der dahinter liegenden Thematik zu begegnen.

Solvej legte sich auf mein Sofa und fing an, ihren Körper zu spüren, um erst einmal zu sich zu kommen. Da sie durch unsere gemeinsame Arbeit schon in den ersten Phasen der Zentrierung geübt war, konnte sie die Aufregung des Tages und die vielen Eindrücke, die durch sie hindurchströmten, vorüberziehen lassen, ohne ihnen weitere Beachtung zu schenken. Voller Vertrauen ließ sie sich auf meine Führung ein, und ich bemerkte, wie sie begann, bei sich anzukommen. Solvej atmete einige Male tief durch. Sie war aufgewühlt und unruhig, ohne sich dabei zu verlieren. Als ich sie anleitete, in ihren Ruhepunkt zu gehen, konnte ich beobachten, wie sie sich dort hineinfallen ließ und sich dabei von ihrer schwierigen Situation löste. Solvej genoss das neutrale Sein und den Halt, den sie darin – in sich – fand.

Nach einer Weile fragte ich sie, wo in ihr die Stelle sei, die ihr etwas zeigen wolle. Sie spürte in sich hinein, folgte ihrer Aufmerksamkeit und fand eine Stelle, von der sie angezogen wurde. Aus ihrem Ruhepunkt heraus konnte sie nun mit Abstand und neutral betrachten, was wahrhaftig in ihr vor sich ging, und konnte den gegenwärtigen Empfindungen in ihrem Körper begegnen. Sie zeigten sich als ein innerlicher Stillstand, und tapfer ließ sie es zu, dass sich nichts in ihr bewegen wollte. Sie spürte hinein, was der Stillstand beinhaltete, und beobachtete sich selbst dabei, wie sie nicht hinschauen und nicht sehen wollte, wodurch sie ihre Verletzung an der Hand angezogen hatte. Auch wenn es ihr unangenehm war wahrzunehmen, wie sie sich innerlich hin und her wand, blieb sie in dem Gefühl, des Nicht-Wahrhaben-Wollens. Durch ihre Zuwendung und Bereitschaft konnte sie diesem Gefühl Raum geben und es lassen, wie es war. Sie konnte die Tatsache, dass sie in die Thematik nicht tiefer hineingehen und sie anschauen wollte, spüren und sich darauf einlassen. Und genau darum ging es in diesem Moment, dies stehen zu lassen und nichts zu pushen. Das ist wahres Annehmen – zu akzeptieren, was ist, auch wenn es bedeutet, an seine Gefühle nicht heranzukommen. Meistens will man schnell hinein in eine Empfindung, um ein Problem so bald wie möglich loszuwerden. Dabei übergeht man sich selbst, weil man etwas anderem Aufmerksamkeit gibt als dem, was sich in diesem Moment zeigen möchte. Auf diese Weise umgeht man seine innere Wahrheit und vermeidet es, sich ihr zu stellen.

Den ersten wichtigen Schritt war Solvej nun gegangen, denn sie akzeptierte, was war, ohne es verändern zu wollen. Ich erklärte ihr, wie sie zu Hause in ihrem Gefühl bleiben und allein weitermachen konnte. Da sie nun krankgeschrieben war und keine dringenden Verpflichtungen hatte, war es ihr möglich, sich auch zu Hause ihrem Prozess hinzugeben. Sie folgte meinem Rat, für sich selbst und für Ruhe zu sorgen sowie sich nicht durch Beschäftigungen und Gespräche ablenken zu lassen.

Damit sie voll und ganz während der nächsten Tage in ihrem Prozess bleiben konnte, bot ich ihr an, zu ihr nach Hause zu kommen, sobald ich das Gefühl haben würde, dass es passte. Die Verbundenheit mit ihr hielt ich bewusst in mir aufrecht, und ich trug Solvej innerlich bei mir. Egal, wo ich war, ob zu Hause, in der Schule oder beim Spazierengehen, ich konnte sie spüren und mitverfolgen, was in ihr geschah, wie sehr sie den inneren Prozess zulassen konnte oder ob sie nicht weiterkam. Wenn dies der Fall war, ging ich tiefer ins Mitspüren hinein, ließ ihre Gefühle zu und spürte, was augenblicklich war. Damit unterstützte ich sie in ihrem Weiterkommen, ohne ihr die Schritte in ihrem Lernprozess zu nehmen. Alles, was ich tat, war, ihr zu zeigen, wie leicht es sein kann, sich mit allem zu spüren und anzunehmen. Ich war ihr also immer ganz nah, auch wenn ich weit weg war. In dieser intensiven Form der Behandlung und Verbundenheit mit einem Menschen würde ich später in meinen Retreats mit meinen Klienten arbeiten.

Als ich dann über die räumliche Distanz hinweg, die wir zueinander hatten, wahrnahm, dass sich in ihr nur noch ein letztes, aber heftiges Sträuben vor dem Spüren des Gefühls auftat, das sich hinter ihrer Verletzung verbarg, beruhigte ich sie in meiner Verbindung zu ihr. Dadurch fiel es ihr wieder leichter, in Klarheit und Ruhe im Prozess zu bleiben. Einige Male ging ich zu ihr nach Hause, um sie in schwierigen Momenten zu unterstützen, mit ihr zu sprechen oder neu anzuleiten. Indem Solvej ihr Gefühl des Nicht-Wahrhaben-Wollens spürte und ihr Festhalten daran zulassen konnte, gelangte sie hinein ins Loslassen. Dann konnte ich sie wieder allein lassen, damit sie ganz für sich das Loslassen weiter genießen und sich dort hineinfallen lassen konnte.

Am nächsten Tag ging ich direkt nach der Schule zu ihr und sah, dass ihr der innere Prozess, den sie dabei war zu durchlaufen, tief ins Gesicht geschrieben war. Ihr geduldiges Zulassen ihres Zustands hatte sie durch ihren inneren Stillstand geführt. Es war nur noch ein klitzekleiner Schritt in ihre Hintergrundthematik hinein. Wir führten also unsere Behandlung fort und spürten unmittelbar ein Kribbeln und Brizzeln, das sehr unangenehm und schmerzhaft für sie war. Man konnte die Aggression, die Wut und den Kampf darin spüren, und ich bemerkte, wie Solvej aus sich herausging, da sie das Gefühl hatte, diese starken Empfindungen nicht aushalten zu können. Um sie wieder in den Prozess einzubinden, setzte ich mich neben sie und legte beruhigend meine Hand auf ihren Rücken. Ihr Widerstand war offensichtlich, und ich sagte ihr, dass die Aggressionen, die sie in so heftiger Form gespürt hatte, die Ursache dafür waren, dass sie sich in ihrem Alltag immer schnell angegriffen fühlte und dass sie sich deshalb auch in Kämpfe mit anderen Menschen verwickelte. Gemeinsam gaben wir dieser Erkenntnis Raum und kamen zu dem Punkt, dass ihre Kollegin nichts mit diesen Aggressionen zu tun hatte, sondern dass sie von ihr selbst ausgelöst worden waren. Die Tatsache, dass sie selbst und ihre verdrängten Gefühle es gewesen waren, die ihre Kollegin und damit den Konflikt angezogen hatten, half ihr, mit ihrer Aufmerksamkeit bei sich zu bleiben und ihre Energie von ihrem Kampf abzuziehen.

Damit Solvej ihre erste Begegnung mit den hochkommenden Gefühlen in sich wirken lassen konnte, ließ ich ihr die Zeit, die sie brauchte. Langsam kam sie wieder zu sich zurück und wurde ruhiger, so dass ich sie weiter darin unterstützen konnte, sich selbst wieder zu spüren und wegzukommen von dem Gefühl, dass alles viel zu heftig sei, um es aushalten zu können. Sie hielt die Augen geschlossen, und ich vertraute auf den Moment, in dem sie bereit war, ihrer Wut zu begegnen. Ich war einfach nur da und signalisierte ihr damit, dass alles okay war, wie es war. Dabei öffnete sie sich, atmete tief durch und ließ sich im selben Moment ein auf ihre Wahrheit, die sie nicht hatte sehen und wahrhaben wollen. Nun konnte sie wieder bei sich bleiben und ihre Aggressionen spüren, ohne sich von ihnen überfluten zu lassen. Solvej konnte sich tiefer und tiefer darauf einlassen, was sie so lange in sich getragen und verdrängt hatte. Sie nahm es wahr, ohne es zu bewerten, wodurch es Schritt für Schritt weiter hervorkommen konnte. Im Annehmen gab sie ihren Aggressionen den Raum, um einfach da zu sein. Gemeinsam folgten wir der Veränderung ihres Gefühls, und ich war selbst verblüfft, wie schnell sich Solvej so tief einlassen konnte, so dass sich nun ihre Wut zu transformieren begann. Es war ihre vollkommene Bereitschaft, sich bedingungslos auf das Hier und Jetzt einzulassen, die es ihr ermöglichte, ihre

Gefühle anzunehmen, die nun ihrem natürlichen Prozess folgen konnten. All die Energie, die sie für ihren Widerstand hatte aufbringen müssen, konnte nun frei fließen, und mehr und mehr wurde ihre innere Kraft dahinter spürbar, aus der heraus sie nun allein fortfahren konnte. Sie war sichtlich erleichtert und innig präsent, was mir signalisierte, dass ich mich zurückziehen konnte, damit sie sich ihren Gefühlen weiter hingeben konnte.

Bereits einige Stunden später wurde ich stark von dem Gefühl angezogen, das ich in Solvej spürte. Sie war dabei, sich dafür zu öffnen, geschehen und somit gehen lassen zu können, was sie in ihrer tiefen Verbundenheit zu sich selbst hatte zulassen und annehmen können. Als ich wieder neben ihr saß, begleitete ich sie hinein in den Genuss ihrer inneren Wahrhaftigkeit, die sich zeigen durfte und in der sich nun ihre Aggression zu lösen begann. Sie genoss es, ihre Aggressionen zu spüren, die sie zuvor nicht wahrhaben wollte. Dann leitete ich sie an, wieder ihren ganzen Körper zu spüren, und sie gab sich völlig ihrem Gefühl des Fallenlassens hin. Solvej begann loszulassen, was bereit war zu gehen. Da sie vollkommen im Augenblick aufging, ruhte sie in ihrem Selbst. Das war der richtige Moment für mich, nach Hause zu gehen und sie sich selbst zu überlassen im Genuss ihres eigenen Erlebens.

Am nächsten Morgen rief mich Solvej an und berichtete, wie gut und befreit sie sich fühlte. Es war ein ihr fremdes, weil neues Gefühl, und ich erklärte ihr, was sie nun tun sollte, um das neu Entstandene zu integrieren. Zwei Tage sah und hörte ich dann nichts von ihr, bis sie in unserem Wohnzimmer auftauchte und mir den größten Strauß Rosen schenkte, den ich je gesehen hatte. Dann zeigte sie mir ihre verletzte Hand. Die Haut ließ kaum noch etwas von ihrer Verbrennung erkennen, und es war nicht der kleinste Ansatz einer Narbe zu sehen. Solvej hatte Tränen in den Augen und wusste nicht, wie sie mir danken sollte für das Wunder, wie sie es nannte, das aus medizinischer Sicht gar nicht hätte möglich sein können. Ich war tief berührt und hatte nun auch Tränen in den Augen, als ich sagte, dass sie selbst maßgeblich an ihrer Heilung beteiligt gewesen war, indem sie so diszipliniert im Spüren geblieben war und sich nicht hatte ablenken lassen – weder von ihren eigenen Gedanken noch von anderen Menschen. Es war also alles andere als ein Wunder, wodurch sie geheilt worden war, sondern ihre Bereitschaft, sich so tief auf ihren Prozess einzulassen. Nur dadurch konnte sich ihre Resonanz lösen, was sich dann auch auf körperlicher Ebene in Form der Heilung ihrer Wunde auswirkte. Für mich war es ein großes Geschenk, sehen zu dürfen, wie heilsam ReSource auf körperlicher Ebene sein kann.

TCM – Ein ungewöhnliches Praktikum

Als ich vierzehn Jahre alt war, stand ein Schulpraktikum zur Berufsorientierung an. Ich musste nicht lange überlegen, denn es war klar, dass es etwas Therapeutisches sein würde. Meine Geistigen Lehrer brachten mich auf die Idee, mich in einer Praxis für Traditionelle Chinesische Medizin zu bewerben. Sie schlugen mir auch einen Heilpraktiker vor, der, wie sich herausstellen sollte, perfekt zu mir passte. Ich freute mich sehr darauf, denn ich war wissbegierig und wollte so viel wie möglich über alternative Heilmethoden wie zum Beispiel die Traditionelle Chinesische Medizin lernen.

Peter, der Heilpraktiker, bei dem ich mich beworben hatte, war zunächst sehr skeptisch und wollte meine Bewerbung nicht annehmen. Ich sei zu jung, und überhaupt gäbe es nicht wirklich viel für mich zu tun, waren seine Einwände. Ihn wunderte, dass eine Vierzehnjährige an seine Tür klopfte und sich so stark für die Akupunktur interessierte. Meine Begeisterung und besonders meine Beharrlichkeit überzeugten ihn schließlich doch noch.

Die kleine Einführung, die mir Peter dann am ersten Tag meines Praktikums in die Traditionelle Chinesische Medizin gab, ließ mich innerlich Luftsprünge machen. Es war die Rede von Meridianen und Chakren, Energiekanälen und Energiezentren, die mit Instrumenten bisher nicht zu messen waren. Ich hörte ihm wie elektrisiert zu, denn er beschrieb mir Dinge, die ich schon immer wahrgenommen hatte. Es tat mir unglaublich gut, dass es Menschen gab, die all das wahrnahmen, und vor allem, dass dieses Wissen Bestandteil einer bestehenden Heilform war. Meine Neugier und Spannung auf die Arbeit wuchsen, denn nun hatte ich die Möglichkeit, meine Wahrnehmung therapeutisch zu erproben und gleichzeitig sehr viel über Krankheiten sowie ihre Auswirkungen auf das Energiesystem des Menschen zu lernen.

Am ersten Tag beobachtete ich aufmerksam, wie Peter die Akupunkturnadeln setzte. Dabei fiel mir auf, dass die Punkte, die zur Behandlung gehörten, dunkler waren, als wollten sie gesehen und behandelt werden. Ab und zu sah ich, dass Peter nicht alle diese Punkte mit einbezog, und fragte ihn danach. »Wieso setzen Sie hier keine Nadel? Und dort? Die Stellen brauchen es doch auch.« Er war irritiert und wurde hellhörig, denn die Punkte, die ich ihm gezeigt hatte, waren tatsächlich Akupunkturpunkte, die zur Behandlung passen konnten. Er holte zwei weitere Nadeln hervor und ergänzte sie am Körper des Klienten. Ich freute mich sehr darüber, dass dieser Mann, der so viel Erfahrung hatte, eine Stimmigkeit darin erkannte, was ich wahrgenommen hatte.

Natürlich fragte er mich hinterher, wie das sein könne, dass ich die richtigen Stellen erkennen konnte, ohne bisher etwas über Akupunktur gelernt zu haben. Ich versuchte, ihm meine Wahrnehmung zu beschreiben, und erzählte, dass ich die Menschen schon immer so sah und auch spürte. Als Peter merkte, dass es für mich ungewohnt und nicht angenehm war, mich zu offenbaren, sagte er, dass er all das für sich behalten würde. Er fand, ich hätte eine besondere Begabung, und verstand, dass sie etwas sehr Persönliches war, was ich nicht mit jedem teilen wollte. So konnte er meine Wahrnehmung für sich stehen lassen. Durch dieses Gespräch entstand eine Verbindung zwischen uns, die sich sehr positiv auf uns beide und die Arbeit auswirkte.

Am nächsten Tag sah ich wieder, welche Akupunkturpunkte noch zur Behandlung passten, und Peter setzte die Nadeln an die entsprechenden Stellen. Er fing an, mir zu vertrauen, denn er konnte als Fachmann sehen, dass die Punkte, die ich wahrnahm, sich perfekt in den Behandlungsprozess einfügten. Nach einer Woche wagte ich, ihm zu sagen, dass ich auch sehe, wie sich die Farbe um die Punkte herum veränderte, wenn die Nadel lange genug drinnen war und es Zeit war, sie herauszunehmen. Peter begann, meine Beiträge zu den Behandlungen als eine Ergänzung zu seinem Wissen zu sehen.

Für mich war Akupunktur wie Malen. Jeder Mensch bringt seine ganz eigene Landschaft in seinen ganz eigenen Farben mit. Gerät etwas aus dem Gleichgewicht, äußert sich das in einer Disharmonie des Farbspiels. Ich liebte es zu beobachten, wie sich die Farben veränderten, wenn eine Nadel gesetzt wurde. Sie gab dem Energiesystem einen Impuls, um sich aus sich heraus klären zu können. Die Farben der Landschaft begannen sich so zu wandeln, dass sich langsam wieder eine Stimmigkeit und Harmonie daraus ergeben konnte. Die Kunst bestand also darin, den Pinsel an der richtigen Stelle und in der entsprechenden Farbdosierung anzusetzen. Denn traf man nicht den richtigen Punkt, oder ließ man die Nadel zu lange im Akupunkturpunkt, verschwammen die Farben, und die Harmonie verlor sich wieder.

Nach meinem Praktikum entschieden wir, dass ich auch weiterhin nachmittags nach der Schule bei ihm arbeiten sollte. Im Lauf der kommenden Zeit studierte ich die TCM in Büchern, in Gesprächen mit Peter und in ihrer praktischen Anwendung. Dabei ließ Peter mir den notwendigen Freiraum für meine Wahrnehmung, damit ich sie verknüpfen konnte mit dem Wissen, das ich mir parallel dazu aneignete. Da ich von klein auf gelernt hatte sowie darin bestärkt und bestätigt wurde, nur an das zu glauben, was ich selbst wahrnahm, verglich ich die traditionellen Überlieferungen mit meiner eigenen Wahrnehmung.

Ich wusste bereits, dass jegliche Machtsysteme Wissen zurückhielten und verheimlichten, besonders solches, das dem Menschen Eigenmacht und Eigenständigkeit geben würde. In China gab es immer wieder Zeitperioden, in denen die Traditionelle Chinesische Medizin verboten wurde, einmal sogar über mehrere Generationen hinweg für über 120 Jahre. Das Wissen konnte also nicht kontinuierlich weitergegeben werden, so dass wertvolle Kenntnisse nicht nur geheim gehalten wurden, sondern auch verloren gingen. Gleichzeitig kann manches Wissen über energetische Zusammenhänge in seiner Tiefe nicht niedergeschrieben werden. Es muss von Lehrer zu Schüler vermittelt werden, da es nur erfassbar werden kann, indem man es schrittweise versteht, es erlebt, sieht und spürt. In der Mitte des 20. Jahrhunderts wurde dann vieles neu definiert und bewusst verändert, weshalb die heutige Akupunktur kaum zu vergleichen ist mit der ursprünglichen.

In meiner eigenen Beschäftigung damit übernahm ich nur das, was meinem Empfinden entsprach, sah aber auch manches, das über das überlieferte Wissen hinausging. So fand ich zum Beispiel Akupunkturpunkte, die in den heutigen Büchern keine Erwähnung finden. Später fand ich heraus, dass man glaubte beziehungsweise dass behauptet wurde, manche Punkte seien nicht so wirksam und nützlich, weshalb man die Anzahl der Punkte erheblich verringerte und sie aus den Lehrbüchern herausließ. Nach meinem Empfinden sind dadurch Wissenslücken entstanden, was verhindert, dass sich die gesamte Lehre der Akupunktur in ihrer Vollständigkeit entfalten kann.

Bisher hatte der Fokus meiner Wahrnehmung auf Gefühlen und deren Hintergründen gelegen. Ich wusste bereits, dass die gleichen Gefühle immer dieselbe Farbe und Form haben – ganz gleich, bei welcher Person ich sie wahrnehme. Es gab allerdings feine Unterschiede eines einzigen Gefühls, die ich gelernt hatte zu analysieren. Traurigkeit zum Beispiel sieht im Prinzip immer gleich aus und hat dieselben Strukturen, aber ihre verschiedenen Arten unterscheiden sich sehr. Wenn jemand zum Beispiel »loslasstraurig« ist, dann sind einerseits eine Erleichterung und andererseits ein Abschied von Altem damit verbunden. »Egotraurig« ist man, wenn man sich eher in seinem Ego gekränkt fühlt. Ein »Meer an Traurigkeit« fühlt sich so an, als wolle sie nie aufhören und als ob man darin untergehen könnte, weil man keinen Halt in sich findet. Dies ist nur eine kleine Auswahl der vielen verschiedenen Formen ein und desselben Grundgefühls, die sich alle anders anfühlen und auch anders aussehen. Hier in der Praxis bei Peter konnte ich beobachten, wie sie sich auf den gesundheitlichen Zustand der Patienten ausgewirkt hatten und welche Unterstützung in welchem Fall hilfreich war.

Nun war ich also zum ersten Mal ganz unmittelbar mit Krankheiten konfrontiert und hatte die Möglichkeit, mir diese sehr genau anzuschauen. Ich vergleiche das gerne mit einem Arzt, der anfängt zu lernen, Gewebeproben unter dem Mikroskop zu analysieren. Am Anfang sieht er nur viele bunte Flecke. Erst mit der Zeit und seiner wachsenden Erfahrung lernt er, die genauen Strukturen und Unterschiede zu sehen, zu analysieren und Erkrankungen zuzuordnen. Viele Patienten kamen mit schulmedizinischen Diagnosen, die ich verknüpfte mit dem, was ich selbst sah und spürte. Dabei lernte ich, die Krankheiten zu benennen, die ich medial wahrnahm. Auf diese Weise konnte ich meine Wahrnehmung sehr genau beobachten, überprüfen und immer weiter verfeinern.

Zu Beginn freute ich mich, wenn ich zum Beispiel erkennen konnte, ob es sich bei einer Erkrankung um eine gutartige oder bösartige Zyste handelte, denn oberflächlich betrachtet sehen sie auf feinstofflicher Ebene sehr ähnlich aus. Mit der Zeit wurde ich immer geübter und meine Wahrnehmung immer genauer. Bald konnte ich nicht nur eine gutartige Zyste von Krebs unterscheiden, sondern auch genau erkennen, um welche Art von Zyste es sich handelte. So wie ich die verschiedenen Formen eines Gefühls wahrnehmen konnte, lernte ich nun, verschiedene Formen ein und derselben Krankheit wahrzunehmen. Zysten sehen zum Beispiel alle erst einmal dunkelgrau aus. Erst wenn man genauer hinsieht, erkennt man, dass sich in dem Grauton Punkte in ganz unterschiedlichen Farben befinden. Jede Zystenart fühlt sich außerdem entsprechend anders an, hat eine eigene Form und charakteristische Art, sich zu bewegen. Wenn eine Zyste bösartig war, erkannte ich dies daran, dass sie sich auch auf feinstofflicher Ebene wesentlich aggressiver äußerte. In dem Dunkelgrau können sich dann ganz kribbelige rote Punkte befinden. Je mehr Übung und Erfahrung ich bekam, desto tiefer und feiner konnte ich wahrnehmen, welche Art Krebs es war und in welchem Stadium sich die Krankheit befand.

Meine Offenheit und Wissbegier für alle Fachbereiche, die sich mit dem menschlichen System beschäftigen, brachten mir schon viele wertvolle Informationen und auch Bekanntschaften. Eine besondere Erfahrung verdanke ich einem Arzt, der eine Praxis für Pathologie betreibt, in der er unter anderem Gewebeproben analysiert. Ich erzählte ihm davon, wie ich die verschiedenen Krebsarten wahrnahm, wie sie sich anfühlen und aussehen, woraufhin er ein Experiment vorschlug. Ich sollte bereits ausgewertete Proben aus seinem Labor unter meine Lupe nehmen. Natürlich wollte er mich testen, und ich war neugierig, was dabei herauskommen würde. In dem Glauben, dass er mir nur Krebsgewebe zeigen würde, stutzte ich bereits bei meinem ersten Versuch. Ich war enttäuscht, denn ich sah und spürte nichts, was mit Krebs auch nur im entferntesten Sinne etwas zu tun hatte. Als ich es aussprach, grinste mein Bekannter schelmisch. Ich hatte den Eingangstest bestanden, denn er hatte mir ein Gewebe vorgelegt, das keinen Krebs aufwies.

Dann ging es richtig los, eine Probe nach der anderen. Ich beschrieb jeweils sehr genau, was ich wahrnahm und welche Krebsart ich in welchem Stadium sah. Wir freuten uns darüber, wie genau meine Wahrnehmung mit den Diagnosen übereinstimmte. In meinen Beschreibungen fanden sich zwar keine Fachbegriffe wie zum Beispiel Mutter- und Tochterzellen, aber sie passten zu den Wörtern, mit denen der medizinische Fachmann an meiner Seite definierte, was ich erkannte. Nach diversen Analysen war unser beider Neugier befriedigt, und ich war sehr müde und völlig ausgelaugt. Dies war eine unmittelbare Erfahrung, durch die ich meine Wahrnehmung mit der messbaren Wirklichkeit der Wissenschaft überprüfen und abgleichen konnte.

Was sich mir in meiner frühen Kindheit durch meine Spiele und Wahrnehmung ganz natürlich offenbarte, bekam in Peters Praxis einen ganz neuen Charakter. Nun waren es nicht nur die Hintergründe von Gefühlen, die ich wahrnahm und analysierte, sondern auch die Thematiken, die zur Entstehung einer Krankheit beitrugen. Dabei bemerkte ich, dass die Grundthemen, die hinter der Entstehung unterschiedlicher Zysten standen, genauso stark variierten wie ihre Erscheinungsbilder auf physischer und feinstofflicher Ebene. Die Gespräche, die ich mit Patienten führen durfte, gaben mir die Möglichkeit, die Geschichte ihrer Krankheit oder Beschwerden zu hören, sie dabei wahrzunehmen und gezielte Fragen zu stellen. Ich erinnere mich gut an eine ältere Dame, die unter starken Schlafstörungen litt und Hilfe suchte. Mit ihr führte ich eines meiner ersten therapeutischen Gespräche.

Während sie mir von ihrem Krankheitsverlauf und der Art ihrer Beschwerden berichtete, nahm ich wahr, dass diese mit dem Tod ihres Mannes in Zusammenhang standen. Sie konnte den Verlust ihres Mannes nur schwer verkraften. Aber noch deutlicher sah ich, dass die Konfrontation mit dem Tod ihre eigene Angst zu sterben ausgelöst hatte. Diese hinderte sie nun daran, sich in einen erholsamen Schlaf fallen zu lassen.

Ich war mir bereits dessen bewusst, dass es den Menschen nicht hilft, wenn ich ihnen sage, welche Thematik ich hinter ihren Problemen sehe. Um einen heilsamen Prozess in Gang zu bringen, ist es wichtig, sie langsam zu einer Erkenntnis zu führen. Hätte ich der Dame direkt gesagt, was ich wahrgenommen hatte, hätte sie es sehr wahrscheinlich nicht annehmen können und eine Mauer um sich herum aufgebaut. Da sie mir gar nicht von dem Tod ihres Mannes erzählt hatte, wären meine Schlussfolgerungen zum einen befremdlich für sie gewesen. Zum anderen war sie von ihrer Bereitschaft überzeugt, ihrem Mann zu folgen, da sie ihn sehr vermisste und sich einsam fühlte. Diese Vorstellung von ihrer eigenen

Beziehung zum Tod war schwierig für sie loszulassen, denn wie jeder Mensch glaubte sie an das Bild, das sie sich gemacht hatte. Da dies auf der bewussten Ebene meist naheliegend, logisch und richtig erscheint, ist es besonders schwierig, sich von der eigenen Einschätzung seiner Situation zu lösen. Man will weiterhin daran glauben, vor allem, wenn einem die Wahrheit auf den ersten Blick unangenehmer vorkommt. Sie ergibt sich aus dem Zusammenspiel des Bewussten und Unbewussten, dem man sich nähern kann, indem man lernt, seine Feinfühligkeit auf einer neutralen Ebene dafür zu nutzen. Aber selbst dann bleibt es bei tief liegenden Thematiken schwierig, die eigene Wahrhaftigkeit zulassen und annehmen zu können.

Die dafür notwendige Neutralität kann in gewissem Maße ein Freund oder Bekannter, aber im Besonderen ein Therapeut bieten. Er hat gelernt, psychologische Mechanismen zu erfassen und entsprechende Vorgehensweisen anzuwenden. So hilft er dem Klienten, über sich selbst und seine Sichtweisen zu reflektieren und beides aus anderen Perspektiven zu beleuchten. Gerade weil man oft seinen eigenen Überzeugungen anhaftet, ist ein neutrales Gegenüber wichtig, um die eigenen Muster und Mechanismen zu erkennen, durch die man versucht, der Wahrheit auszuweichen. Erst eine Erkenntnis kann zu einer Veränderung führen, denn solange man nicht erkannt hat, dass man beispielsweise im Widerstand ist, kann man nicht die notwendigen Schritte gehen, um sich daraus zu befreien.

Ich überlegte kurz, auf welchem Weg ich die Dame unterstützen könnte, die Zusammenhänge zwischen ihren Beschwerden und dem Tod ihres Mannes zu erkennen, und fragte sie, seit wann sie nicht mehr schlafen könne. Dieser erste Versuch blieb erfolglos, denn sie antwortete, dass sie seit zwei Jahren darunter leide. Ich musste also irgendwie auf ihren Mann zu sprechen kommen, weshalb ich sie nun fragte, ob sie verheiratet sei. Ich kam mir etwas seltsam vor, eine alte Dame dies zu fragen. Ihre Reaktion zeigte mir aber, dass nichts Ungewöhnliches dabei war, denn nun begann sie, von ihrem Mann zu erzählen, dass er tot sei, seit wann und wie sie sich ohne ihn fühle. Jetzt begann ich, ihre Aufmerksamkeit ganz behutsam auf die zeitliche Übereinstimmung seines Todes und den Anfang ihrer Schlafstörungen zu lenken. Dann sprachen wir darüber, in welchem Zusammenhang der Tod und der Schlaf stehen. Währenddessen sah ich, wie in der Dame etwas in Bewegung kam, das wie das Aufräumen und Klären eines innerlichen Raums war. Der Moment der Klarheit, in dem sich die Wahrheit zeigen darf, bringt eine besondere Kraft mit sich, die ich schon immer sehr genieße. Allein eine Erkenntnis kann sehr viel bewirken, was ich bei ihr beobachten durfte.

Ich bin sehr dankbar, dass Peter mir mit den Patienten und in der TCM den Freiraum und somit die Möglichkeit gab, meine Begabung ausleben und mich dabei weiterhin so frei entfalten zu können, wie ich es gewohnt war. Die Zeit in der Praxis von Peter war für mich eine erfüllende Erfahrung, die mir half, mein Potenzial anzuwenden und meine Kenntnisse zu erweitern.

Ein besonderer Abend

In den vielen Jahren, in denen ich meiner Beschäftigung mit der TCM nachging, begegneten mir viele Menschen mit ernsthaften Krankheiten. Sie hatten teilweise sehr starke Beschwerden, hinter denen schwerwiegende Erlebnisse und die ihnen entsprechenden Emotionen standen. Ihre Krankheiten wollten den Menschen etwas zeigen und gaben ihnen die Möglichkeit, sich ihrer Schattenseiten bewusst zu werden. Es war für mich eine unglaublich tiefe Erfahrung zu bemerken, dass, ganz gleich, wie schrecklich eine Situation auch war, ich darin immer eine Stimmigkeit und somit die Chance, die damit verbunden war, erfahren durfte. Ich war dankbar und glücklich, dass ich all die Menschen begleiten, unterstützen und von ihnen lernen durfte.

Eine Zeit lang wurde ich besonders geballt konfrontiert mit den schwersten Erkrankungen und ihren Hintergründen. Sie zeigten mir meine eigene Resonanz, mit der ich sie angezogen hatte. Wie immer, wenn sich mir ein Thema im Außen vermehrt zeigte, stand es auch in meinem Inneren an. Meine Lehrer begleiteten mich in diesem Prozess, bis ich spürte, dass etwas ganz Besonderes passieren sollte. Ich erkannte dies unter anderem daran, dass sich meine Begleiter zurückzogen.

Es war Abend, ich lag in meinem Bett und wollte gerade einschlafen, als ich ein merkwürdiges Geräusch in meinem Zimmer hörte, das immer lauter wurde. Der Kleiderschrank bebte mit all seinem Inhalt, und erschrocken fiel mein Blick auf eine hässliche Fratze, die urplötzlich vor mir in meinem Zimmer aufgetaucht war. Ich hatte Angst und versuchte, mich nach außen hin stark zu machen. »Ich habe keine Angst vor dir, du kannst mir nichts tun!«, rief ich mit fester Stimme. Kaum hatte ich es ausgesprochen, fauchte mich das hässliche Wesen in tiefen Tönen wie ein wild gewordener Drache an. Mein Schrank wackelte unter seiner bedrohlichen Kraft hin und her. Ich atmete tief durch, während ich spezielle Akupressurpunkte an meinem Arm drückte, um mich zu beruhigen. Es half kaum, weshalb ich schließlich auf das zurückgriff, was ich immer tat, wenn ich zu mir kommen wollte. Ich lenkte meine Aufmerksamkeit weg von dem Wesen, weg von der Fokussierung auf das Problem, hinein in mein Inneres und zentrierte mich.

Langsam wurde ich ruhiger und kam wieder voll und ganz in meinem Körper an und somit in der unmittelbaren Erfahrung des Hier und Jetzt – in der Offenheit für das, was wahrhaftig war. Eiskalte Schauer liefen mir über den Rücken, und bei dem Anblick des Wesens zog sich alles in mir zusammen. Es tat furchtbar weh, in die tiefen Abgründe seiner Augen zu schauen. Ich zitterte innerlich, während mir Tränen über die Wangen flossen.

Der innere Halt, den ich in meiner Zentrierung mehr und mehr gewann, ermöglichte es mir, mich auf das Wesen einzulassen und es zu spüren. Hinter seinen Aggressionen lag eine geballte Angst, die ich in ihren Einzelteilen wiedererkannte. Durch das Einlassen spürte ich, dass diese Wesenheit etwas mit mir selbst zu tun hatte. Ich begegnete darin meinen eigenen Ängsten. Bei anderen Menschen hatte ich solche Wesen schon öfter wahrgenommen, und es war für mich in Ordnung gewesen. Aber noch nie hatte ich eines so schrecklich empfunden und noch nie solche Angst davor gehabt. Dieses Geschöpf, das mir solche Furcht einflößte, war eine Kreation meiner eigenen tiefsten Schmerzen und Ängste, die sich in ihm manifestiert hatten.

Die Erkenntnis, dass es ein nicht beachteter Teil meines Inneren war, der sich mir zeigte, bewirkte, dass ich zutiefst berührt wurde und sich mein Blick auf das Wesen veränderte. Nun konnte ich sehen, wie schön es in Wirklichkeit war. Mir wurde bewusst, dass einem, wenn man etwas als hässlich ansieht, dies nur hässlich erscheint, weil man seine eigenen Thematiken oder Schattenseiten dort hineinprojiziert. Sie verschleiern den Blick, durch den man dann sich selbst und auch die anderen nicht mehr neutral betrachten kann. Seine Schattenseiten anzunehmen ist eine der schwierigsten Übungen, denn hätte man es nicht so schwer damit, sie anzunehmen, müsste man sie nicht in den Schatten drängen. In der Zentrierung bekam ich den nötigen Abstand, durch den ich auch sie wertfrei anschauen konnte.

Aus dieser Distanz und Neutralität heraus öffnete ich mich immer weiter und konnte dem begegnen, was ich bisher nicht wahrhaben wollte. In diesem Gewahrsein umarmte ich das Wesen innerlich und war bereit, es Schicht für Schicht in all seinen Nuancen zu spüren. Indem ich nun zu den Schattenseiten in mir stehen konnte, die sich durch das Wesen zeigten, war ich im Zustand des Annehmens. Ich spürte Gefühle, die ich tief in mir verborgen hatte, und weinte zunächst vor Schmerzen und dann vor Berührtsein. Es war wunderschön, die Gefühle und Schmerzen zulassen zu können, und in einem heilenden Prozess veränderten und transformierten sie sich. Ein tiefer Frieden breitete sich in meinem Körper aus, mein Herz öffnete sich noch weiter, und ich sah, wie sich auch das Wesen veränderte. In einer innerlichen liebenden Umarmung integrierte ich diesen Anteil meines Selbst in mein Inneres.

Wahrscheinlich kennen Sie auch Momente, in denen Sie sich vom Leben geprüft fühlen. Ein Ereignis nach dem anderen geschieht, das Sie herausfordert, bei sich zu sein, klar zu bleiben, zu sich zu stehen oder Ihre Kraft zuzulassen. Die Herausforderungen stehen immer in einem direkten Zusammenhang mit Ihren inneren Prozessen. Sie sind keine Prüfungen, die sich eine höhere Macht ausgedacht hat und nun herbeiführt, sondern Situationen, die man durch seine momentane innere Bereitschaft und Aufmerksamkeit anzieht. Wenn man dabei ist, seine innere Resonanz zu einer bestimmten Thematik zu lösen, zieht man im Außen vermehrt Ereignisse an, in denen sie sich spiegelt.

Das Gesetz der Resonanz besagt, dass Gleiches Gleiches anzieht. Solange man also noch in der Schwingung der Gefühle oder Thematik ist, aus denen die Resonanz besteht, zieht man die Geschehnisse an, durch die sie hervorkommen können. Lässt man sich nun intensiv in den Prozess ihrer Transformation ein, verstärkt sich die Schwingung, da man dem Gefühl Aufmerksamkeit und somit Energie gibt. Gerade weil man also an einer bestimmten Thematik bewusst oder unbewusst arbeitet, hat man eine starke Affinität zu Situationen, in denen diese sich zeigen kann. Sie sind also eine Chance, sich über das eigene Verhalten sowie über die inneren Reaktionen auf der Gefühlsebene bewusst zu werden. Die schwierigen Momente ermöglichen es, sich auf der Ebene der eigenen Handlungen weiterzuentwickeln, indem man lernt, Erkenntnisse in die Tat umzusetzen.

Dadurch gewinnt man neue Handlungskompetenzen und hat eine sichere Basis im Umgang mit schwierigen Situationen. Dies ist ähnlich wie bei Kindern, die lernen, indem sie eine bestimmte Handlung so lange wiederholen, bis sie sie sicher beherrschen, und dann eine schwierigere Aufgabe angehen können. Die innere und äußere Entwicklung stehen also in einer permanenten Wechselwirkung zueinander, und sie spiegeln sich gegenseitig. Die Begegnung mit meinen tiefsten Ängsten in Form des Wesens, in dem sie sich manifestiert hatten, ist ein gutes Beispiel dafür. Es zeigte sich mir im Außen, und indem ich mich darauf einlassen konnte, bekam ich Zugang zu den Gefühlen, durch die ich es angezogen hatte.

Meine Erfahrung ist, dass jeder Mensch nur mit Situationen konfrontiert wird, die seinem Inneren und seiner augenblicklichen Entwicklung entsprechen. Wir können also darauf vertrauen, dass nichts geschieht, wozu wir nicht bereit sind. Es liegt ganz an uns selbst, ob wir uns auf eine schwierige Situation einlassen, um uns bestimmter Thematiken bewusst zu werden und über sie hinauszuwachsen. Durch sie können wir uns in neuen Verhaltensweisen üben und dabei alte Muster überwinden.

Ecuador

Als ich gerade sechzehn Jahre alt war, machte meine Mutter mir eine besondere Überraschung. Sie hatte von einer Naturexpedition in Ecuador gehört, die acht Wochen dauern sollte. Ein Ornithologe, der vor Ort arbeitete und die Gebiete dort untersuchte, um sie zu Naturschutzgebieten erklären zu lassen, leitete diese Expedition. Voller Begeisterung erzählte sie mir davon, wie ich fernab der Zivilisation und des Tourismus den Dschungel erleben könnte, und fragte mich, was ich davon halten würde. Acht Wochen auf einem anderen Kontinent, in einer fremden Kultur! Mitten durch eine fremde Fauna und Flora wandern – es war keine Frage, dass ich mir dieses Abenteuer nicht entgehen lassen wollte!

Da sich meine Mutter sicher war, dass ich den Herausforderungen einer solchen Expedition gewachsen war, spielte es bei ihrer Entscheidung keine Rolle, dass eigentlich nur Erwachsene daran teilnehmen durften. Sie selbst hatte schon viele Orte überall auf der Welt besucht und dort gelebt, wovon ich nun in meinen Vorbereitungen stark profitieren konnte. Gemeinsam sorgten wir für eine Ausrüstung, die so klein und so effektiv wie möglich war. Mit jedem Buch, das ich über den Dschungel las, und mit jeder Besorgung, die ich machte, freute ich mich mehr auf das Abenteuer, das nun vor mir lag. In der Nacht vor dem Abflug konnte ich vor Spannung und Vorfreude kaum schlafen.

Und dann war es so weit, der Tag der Abreise war da, und mit einer Menge nützlicher Ratschläge meiner reiseerfahrenen Mutter im Gepäck und voller Tatendrang brach ich zum Flughafen auf. Als ich dort ankam, waren einige Reiseteilnehmer schon da, darunter auch Jan, der Leiter unserer Expedition. Als er mich sah, machte sich Verunsicherung auf seinem Gesicht breit, und vorsichtig fragte er mich: »Sag mal, wie alt bist du eigentlich?« »Seit zwei Wochen bin ich sechzehn, und du?«, antwortete ich.

Etwas irritiert und bleich im Gesicht, erzählte mir Jan vom Gespräch mit meiner Mutter, die mich als ihre fast achtzehnjährige Tochter angemeldet hatte, damit ich überhaupt eine Chance hatte, mitgenommen zu werden. Auch das hatte er in Anbetracht der Herausforderungen einer solchen Expedition noch für viel zu jung gehalten. Aber meine Mutter konnte ihn davon überzeugen, dass ich schon erwachsen genug sei, mit auf diese Reise zu gehen. Da Jan sich nicht sicher war, testete er in einer kurzen Unterhaltung, wie realistisch meine Vorstellungen davon waren, mit Zelt und Rucksack den Dschungel zu durchstreifen. Für mich selbst bestand kein Zweifel an meiner Teilnahme, und die Selbstverständlichkeit, mit der ich ihm vermittelte, was alles auf mich zukommen würde, überzeugte ihn schließlich. So hieß mich Jan als Jüngste herzlich willkommen auf unserer gemeinsamen Reise, die für mich und mein Leben viele wertvolle, bereichernde und tief berührende Augenblicke bereithielt.

Wir waren eine Gruppe von acht Leuten, ausgerüstet mit Zelten und Schlafsäcken, um den Dschungel in erfahrener und fachkundiger Begleitung zu erleben. Es dauerte nicht lange, und gut bepackt machten wir uns auf zu unserer Expedition und betraten den Dschungel. Behutsam und fasziniert ließ ich mich mit all meinen Sinnen auf die bunte Vielfalt der fremden Geräusche und Gerüche der Tiere und Pflanzen ein. Das Leben dieses Regenwaldes war von einer mir unbekannten Intensität, in der ich vollkommen aufging. Jeder Augenblick hielt eine neue Erfahrung für mich bereit, die mich die Fülle und den Reichtum der Erde spüren ließ. Die Schönheit des Lebendigen wurde in jedem Atemzug spürbar, bis sie meinen ganzen Körper erfüllte.

In dieser Erfahrung ging ich so auf, dass ich alles um mich herum vergaß, während wir dort wanderten. Hinter mir und als Letzter lief ein Indio, der Teil einer Gruppe war, die uns durch den Urwald in ein Dorf begleitete. Alle anderen waren uns bereits weit voraus. Ich war so vertieft in meine Verbundenheit mit dem Leben im Dschungel, dass ich nicht bemerkte, dass der Abstand zwischen der restlichen Gruppe und uns allmählich immer größer wurde. Aber nicht nur das – wir hatten auch, ohne es zu bemerken, einen anderen Weg als sie eingeschlagen. Vor mir sah ich nur noch tiefen Urwald und hinter mir einen etwas verstörten, aber tapferen Indio, der sich bemühte, unseren Standort zu bestimmen. Da sein Zuhause weit entfernt von uns lag, kannte er sich in diesem Gebiet, in dem wir uns befanden, nicht besonders gut aus.

Mein Begleiter schaute sich hilflos um und begann, mit mir zu sprechen, wovon ich erst einmal kein Wort verstand. Gleichzeitig war mir klar, wie wichtig es war, sich hier und jetzt in dieser Situation mit ihm zu verständigen, und hörte aufmerksam zu. Ich öffnete mich für seine mir vollkommen unbekannte Sprache und begann, ihn mehr und mehr zu verstehen. Er erklärte mir, wie heikel unsere Situation war. Würden wir die anderen nicht finden, wären wir allein im Dschungel ohne Verpflegung und ohne Zelt.

Dann geschah etwas Wundersames, denn nun fing ich an, ihm in seiner Sprache zu antworten. Ich sagte ihm, dass wir die anderen schon wiederfinden würden, und beruhigte ihn. Der Indio wunderte sich nicht, dass ich ihm antwortete, denn er ging davon aus, dass ich seine Sprache bereits gelernt hatte. Im Nachhinein fiel mir auf, dass auch ich mich in diesem Moment nicht wunderte, mir ganz und gar fremde Worte zu verstehen und sie zu verwenden. Erst hinterher wurde mir bewusst, wie unglaublich das eigentlich war, und ich stellte fest, dass ich mich intuitiv eines kollektiven Wissens bedienen kann, wenn es für die Situation stimmig ist. Als sei es also das Normalste der Welt, unterhielten wir uns nun miteinander. Er sagte, er habe bemerkt, wie sehr ich das Leben des Urwalds genießen würde und dass ich die Bäume und die Tiere anders sehen und auch die Sprache der Natur sprechen würde. Da er im Urwald lebte und aufgewachsen war und ihn liebte, berührte ihn meine Verbundenheit sehr.

Langsam brach die Abenddämmerung herein. Je dunkler es wurde, umso spürbarer wurde die Wildheit des Dschungels. Mein Begleiter meinte, wir sollten dennoch weiterhin versuchen, zu den anderen zu gelangen, aber es war kaum ein Weiterkommen möglich. Dies minderte unsere Entschlossenheit nicht im Geringsten, und wir suchten mit kleinen Schritten eine Orientierung, als wir plötzlich ein Geräusch hörten, das dem Ruf eines Vogels glich. Der Indio gab Antwort, indem er die gleichen Laute von sich gab. Wieder kam der Ruf zurück, an dem er sich nun zu orientieren begann und dem wir folgten. Ich schaute ihn fragend an, und er erklärte mir, dass die Indios sich mit diesen Vogelgeräuschen untereinander beim Jagen verständigten. So fanden wir zur Gruppe zurück, die uns völlig aufgeregt empfing, denn alle hatten schon mit dem Schlimmsten gerechnet. Die Wiedersehensfreude war groß und ließ schnell die Spannung auf den Gesichtern verschwinden. Bevor ich in dieser Nacht einschlafen konnte, genoss ich die unmittelbare und intensive Begegnung, die ich mit dem Urwald gehabt hatte. Es war einfach wunderschön.

Die eigene Kraft und Macht annehmen

Die lebendige Geräuschkulisse des Dschungels begleitete uns einige Tage lang, bis urplötzlich alles um uns herum verstummte. Diese Stille hatte etwas Unheimliches und kündigte eine Gefahr an – einen sintflutartigen Regen. Es war schon Abend, und wir hatten unsere Zelte bereits aufgebaut, als der Platzregen begann, in voller Stärke auf uns niederzustürzen.

Die beiden Frauen Lykke und Freja, mit denen ich mir ein Zelt teilte, hatten große Angst vor den immer heftiger werdenden Regenfällen, die sie nicht zur Ruhe kommen ließen, denn der Wolkenbruch drohte langsam, aber sicher unseren Lagerplatz zu überschwemmen. In der Hoffnung, dass ich helfen könne, baten sie mich, dafür zu beten, dass wir alle ohne Schaden davonkommen würden. Ich willigte ein, aber nur unter der Voraussetzung, dass auch sie ihren Beitrag leisteten.

Wir setzten uns also alle drei in die Mitte des Zeltes, und ich begann, Lykke und Freja langsam durch die Schritte von ReSource zu führen. Da ihre Angst dazu geführt hatte, dass sie außer sich waren und sich immer weiter hineinsteigerten in die Vorstellung, was alles passieren könnte, bat ich sie, ihre Sinne auf sich selbst und auf das Spüren ihres Körpers zu richten. Dabei konnten sie einen Teil ihrer Ängste loslassen, und über die anfängliche Unruhe legte sich langsam eine friedliche Stimmung aus Stille und Achtsamkeit für den Augenblick. Nun waren sie bereit, sich auf die Situation einzulassen und das momentane Geschehen wahrzunehmen – genauso, wie es war.

Wir spürten die Heftigkeit des Regenfalls auf dem Dach unseres Zeltes und hörten das Wasser auf uns niederprasseln. In diesem Gewahrsein für das Hier und Jetzt leitete ich die beiden mit unterstützenden Anweisungen an, wie sie in Frieden mit unserer Situation sein konnten. Durch den Abstand und die innere Ruhe, in die sie gelangten, bemerkten sie, welcher Dramatik sie erlegen waren, und ließen mehr und mehr ihre Gedanken bezüglich möglicher zukünftiger Ereignisse los. In diesem Moment öffneten sie sich weiter für ihre wahrhaftigen Gefühle, die dahinter zum Vorschein kommen konnten.

Dieses Zulassen der Situation wie auch der Gefühle war der entscheidende Schritt ins Annehmen, in das ich sie hineinführte. Dadurch veränderte sich ihre innere Resonanz, und ihre Ängste konnten sich auflösen. Da sich nun die Energie in ihrem Inneren wandelte und transformierte, veränderte sich auch die Energie um das Zelt herum. Der Halt, den Lykke und Freja in sich gewonnen hatten, ermöglichte es ihnen, sich nun der Situation voll und ganz bewusst zu sein und sich gleichzeitig in einen tiefen Schlaf fallen zu lassen.

Am frühen Morgen wurden wir durch die klappernden Geräusche und das Stimmengewirr unserer Reisegruppe geweckt. Ein Blick aus unserem Zelt zeigte uns das Ausmaß der Verwüstungen der letzten Nacht. In den Zelten um uns herum stand das Wasser, weshalb alle anderen aus der Gruppe schon lange wach waren, um ihre aufgeweichten Sachen zu bergen und um zu retten, was noch zu retten war. Lykke, Freja und ich sahen in fragende Gesichter, denn unser eigenes Zelt war heil und nur von außen klatschnass und das, obwohl es auf demselben Boden und derselben Höhe gestanden hatte. Die anderen inspizierten den Platz, auf dem unser Zelt stand, um einen Anhaltspunkt dafür zu finden, weshalb wir von den Wassermassen verschont geblieben waren.

Vergeblich, sie fanden einfach keine natürliche Erklärung dafür.

Meine Schlafgefährtinnen waren fassungslos und auch ein wenig geschockt angesichts der offensichtlichen und starken Wirkung unserer Meditation. Sie hatten große Mühe, die Geschehnisse einzuordnen. Ich spürte ihre Hilflosigkeit, denn sie erlebten gerade etwas, das sie gleichzeitig nicht für möglich hielten. Es ließ sich nicht in ihre Sicht der Welt integrieren und passte nicht zu den Naturgesetzen, die sie kannten. Es machte ihnen Angst – Angst vor sich selbst und auch Angst vor mir, da sie es durch meine Anleitung bewirkt hatten.

Ich erinnerte mich, dass sie ursprünglich mit mir beten wollten, um heil aus der Situation herauszukommen. Was wir getan hatten, war eher genau das Gegenteil davon. In einem Gebet bittet man eine höhere Macht um Hilfe, und man möchte, dass sich die Situation durch äußere Einwirkungen verändert. Ich half meinen Zeltgenossinnen aber, sich auf die Situation einzulassen und sie anzunehmen, genauso wie sie war. Auf diese Weise waren sie es selbst gewesen, die zur Veränderung beigetragen hatten. Aber genau das konnten sie nicht zulassen und beraubten sich selbst der wertvollen Erfahrung, keinerlei Hilfe von außen zu brauchen, sobald sie bereit wären, sich auf ihre eigene Kraft zu besinnen und sie zu nutzen.

Aber was wäre gewesen, wenn wir gebetet hätten und es dieselbe Wirkung gehabt hätte? Dann hätten sie gedacht, dass eine höhere Macht dafür gesorgt habe, dass wir verschont worden waren, und hätten selbst nichts damit zu tun gehabt. Sie hätten sich darüber freuen können, es hätte ihren Glauben an Gott gestärkt, und sie hätten ihm gedankt für das, was er für sie getan hatte. An der Reaktion von Lykke und Freja erkannte ich, dass es wesentlich einfacher zu sein scheint, an eine höhere Macht zu glauben als die eigene Macht anzunehmen. Die Angst der beiden vor ihrer eigenen Kraft führte dazu, dass sie das Geschehene verdrängten und mit niemandem ein Wort darüber sprachen. Nur so konnten sie wieder Herr über sich und die Situation werden.

Alle anderen aus unserer Gruppe meinten, es sei ein Wunder, dass unser Zelt von der Überflutung verschont geblieben worden war. Mich erinnerte das an Solvej, die auch gerne an ein Wunder glauben wollte, als ihre Verbrennung so schnell geheilt war. Ich selbst erlebe das, was andere so bezeichnen, weder als ein mystisches Phänomen noch als das Wirken irgendeiner übernatürlichen Kraft. Für mich ist es die logische Folge des Resonanzgesetzes, das aus meiner Erfahrung heraus ein Naturgesetz ist. Genauso wie bei einer bestimmten Lufttemperatur aus Regentropfen Schneeflocken werden, genauso selbstverständlich ist es, dass Wunden und Krankheiten heilen oder unser Zelt innen trocken bleibt, wenn sich im eigenen Inneren die Resonanz und die Schwingungen der Zellen verändern, durch die man eine Situation angezogen hat.

Das Wirken des Resonanzgesetzes zeigt zwei Dinge in aller Deutlichkeit. Zum einen, dass wir es selbst sind, die alles, was um uns herum geschieht, anziehen – ganz gleich, ob dies ein überflutetes Zelt oder ein Lottogewinn ist. Zum anderen zeigt es, dass wiederum wir selbst wesentlich mehr bewirken können, als die meisten Menschen zu glauben wagen. Diese Erkenntnis wird aus meiner Sicht oft missverstanden, denn man zieht daraus den Schluss, dass man das Leben nach den eigenen Wünschen verändern könne.

In dem Moment, in dem man sich etwas wünscht oder verändern möchte, nimmt man sein Leben nicht an, so wie es ist, weil man es besser haben oder mehr von etwas haben möchte. In dieser Haltung richtet man seine Aufmerksamkeit weg von sich selbst und auf die äußeren Umstände, die man verändern möchte. Das eigene Glück ist dann abhängig von diesen Umständen, da man sich damit beschäftigt, ob man etwas bekommt oder verliert. Man will die eigene Zukunft beeinflussen und entfernt sich von der Möglichkeit, einfach nur zu sein und glücklich zu sein in jeglicher Situation.

Wenn sich Resonanzen ändern, dann einzig aus der inneren Haltung und dem Zustand des Annehmens heraus. Das heißt, sie ändern sich nur, wenn man nichts ändern will. Das Wünschen mit dem Annehmen zu verbinden ist also sinnlos, denn das Wünschen bleibt, was es ist – der Versuch, sein Leben zu beeinflussen und zu manipulieren. Annehmen bedeutet hingegen, im Frieden zu sein mit sich selbst und allem, was geschieht. Nur darin können wir uns und somit auch unsere Resonanzen in der Tiefe erfassen und erleben. Erst wenn wir bereit sind, sie anzuschauen und uns unserer selbst im Hier und Jetzt bewusst zu werden, gelangen wir in die Wahrhaftigkeit des Augenblicks. Ganz gleich, was dieser mit sich bringt, finden wir im Spüren der Wahrhaftigkeit Klarheit darüber, was ist, und können es annehmen. Dadurch öffnen wir uns automatisch für unsere innere Kraft, aus der heraus sich eine Resonanz ändern kann.

Wenn sich eine Situation zum Positiven verändert, dann waren es meiner Ansicht nach also keine Engel, andere geistige Wesen oder die Gnade Gottes, sondern einzig unsere Resonanz dazu. Alles, was wir brauchen, um uns ihrer bewusst zu werden, ist die Bereitschaft, sich bedingungslos dem Augenblick hinzugeben und dadurch einzutauchen in die Stimmigkeit und somit in die Resonanz unseres Lebens. Auf diese Weise lassen wir uns auf die Schwingungen ein, aus denen alles besteht, und wirken aus uns selbst heraus, egal, in welcher Situation.

Loslassen

Da es nicht aufhören wollte zu regnen, erzählte uns die Indiofrau Mary von einer Notunterkunft, zu der sie uns führen könnte. Es war mehr ein Bretterverschlag als eine wirkliche Hütte, der uns in der nächsten Nacht vor der Nässe schützen sollte und in dem wir unsere Sachen ein wenig trocknen konnten. Da ich als Erste von allen startklar war, ging ich mit Mary voran.

Als wir in die Nähe der Hütte kamen, sagte Mary, dass ich schon hineingehen und mich trocknen könne, während sie die anderen holte. Während ich darauf zuging, zog sich alles in mir zusammen, und ich spürte eine Gefahr, die von diesem Platz ausging. Ich sah ein Spinnennetz und blieb stehen, um vor der Hütte auf die anderen zu warten. Dabei bemerkte ich, wie sich meine Lehrer zurückzogen, was wie immer eine tiefe Erfahrung ankündigte.

Die anderen kamen an und begannen zu lachen, als sie sahen, dass ich immer noch im Regen vor der Hütte stand. Erst mit ihnen zusammen ging ich hinein und legte mich wie alle anderen zur Ruhe. In meiner Versenkung spürte ich eine Berührung auf meinem Oberschenkel. Im selben Moment, in dem ich dort hinfasste, wurde ich von einer Vogelspinne gebissen. Ich ließ einen lauten Schrei los, sprang auf und löste eine Kettenreaktion aus, denn auch alle anderen schnellten hoch und flüchteten vor mir und dem Tier. Nur ein Indio blieb gefasst und vertrieb die Spinne mit einem Handtuch. Eine große Aufregung machte sich breit, und jeder versuchte, sich in Sicherheit zu bringen.

Währenddessen war ich ganz still. Ich spürte, wie sich das Gift der Spinne langsam in meinem Körper ausbreitete, und dachte, dass ich nun sterben würde. Angesichts der Tiefe, die dieser Augenblick für mich bereithielt, waren meine Überlegungen nur wie ein schwaches Aufflackern, das sich schnell verlor. Ich spürte meine Bereitschaft, mich vollkommen hinzugeben und geschehen zu lassen, was immer geschehen wollte. Ich war bereit, hier und jetzt zu sterben. Froh, an einem so schönen Ort zu sterben, gab ich mich voll und ganz diesem Augenblick des tiefen Loslassens hin. Ich genoss die heißen Wellen, die meinen Körper durchströmten, und war glücklich in diesem Moment. Frieden kam über mich, und ich spürte nur noch die Essenz meiner Selbst-Liebe.

Doch irgendwann wunderte ich mich, dass keiner

neben mir saß und versuchte, mein Leben zu retten. Alle anderen wussten offensichtlich etwas, das ich nicht wusste. Als ich nachfragte, klärten sie mich auf, dass Bisse von Vogelspinnen nicht lebensgefährlich, sondern nur schmerzhaft seien und Fieber auslösen können. Ich dagegen hatte wirklich gedacht, sterben zu müssen und den nächsten Morgen nicht zu erleben. Dieser Glaube ermöglichte mir die tiefe, intensive Erfahrung, mein Leben loszulassen und mich dem Tod hinzugeben. Mir wurde bewusst, dass die Art, wie ich lebte, auch die Art war, wie ich starb – dass ich den Tod genauso annehmen würde wie alles im Leben. An diesem Abend in der Holzhütte hatte ich so tief losgelassen wie noch nie zuvor. Es war, als sei ich gestorben und wiedergeboren, es war unermesslich erfüllend.

Bald nach dieser Erfahrung tauchten meine Lehrer wieder auf und kündigten mir einen Unterricht an, der im Zusammenhang stand mit diesem Erlebnis. Doch dazu musste ich allein sein und Zeit für mich haben, wozu sich bald die Möglichkeit ergeben sollte.

In seiner Kraft sein

Nachdem der Regen nachgelassen und wir den Dschungel verlassen hatten, standen meine Reisegruppe und ich vor einer neuen Etappe. Wir liefen auf einen Berggipfel zu, und um unsere Kräfte zu schonen, organisierte Jan zwei Taxis, die uns die letzten Kilometer hinauffahren sollten. Ich gehörte zu denjenigen, die in das erste Taxi steigen sollten, aber ich hatte ein unbehagliches

Gefühl dabei. Deshalb ließ ich einem anderen den Vortritt und wartete wieder – diesmal in der glühenden Hitze.

Als das nächste Taxi schließlich kam und sich auf den Weg nach oben machte, tauchten plötzlich am Straßenrand die anderen auf, die vor uns losgefahren waren. Ihr Wagen hatte unterwegs eine Reifenpanne gehabt, und nun mussten sie den Weg nach oben zu Fuß gehen. Es dauerte lange, bis sie ebenfalls auf dem Berg ankamen. Nun hatte ich genügend Zeit und Raum für mich, um mich voll und ganz auf meine Lehrer und ihren Unterricht einzulassen. Ich suchte mir einen stillen, abgelegenen Platz, setzte mich auf einen Felsen und genoss die Stille des weiten Ausblicks in die Ferne. Gleichzeitig richtete ich meine Sinne nach innen und spürte die Klarheit der steigenden Energie.

Meine Lehrer begannen, mir Prozesse des Wachstums in der Natur zu erklären sowie die Notwendigkeit des Loslassens und Sterbens für die Weiterentwicklung allen Lebens. Ich spürte die Essenz der Pflanzen um mich herum, aus der ihre Lebenskraft hervorgeht. Sie war ein Bild, eine Analogie zu meinem eigenen Leben, in dem ich nun einen wichtigen Schritt in meine Kraft gehen konnte. Der Biss der Vogelspinne hatte es mir ermöglicht, ein für mich bisher unbekanntes Stadium des Loslassens in einer tieferen Schicht zu erfahren. In der Reflexion darüber, wie ich dorthin gekommen war, wurde mir bewusst, dass das Loslassen eine natürliche Folge des Annehmens ist und umgekehrt.

Loslassen wie Annehmen sind Zustände, in denen es nur das Spüren und Genießen des Augenblicks gibt. Man ist einfach nur da, hat Vertrauen, geht nicht aus sich heraus oder gibt auch nichts anderem Energie als dem, was im Moment ist. Die Energie wird gezielt für das verwendet, was wahrhaftig ansteht. Wer im Augenblick ist, in seinem Körper und bei sich ist, kann annehmen, loslassen und ist in seiner Kraft. Und mit jedem Loslassen kommt man einen Schritt tiefer dort hinein. Sie gewinnt eine neue Intensität, in der man wiederum den Augenblick tiefer wahr- und annehmen kann. Auf diese Weise wächst man immer mehr in seine eigene Kraft hinein, aus der heraus sich ein immer intensiveres Empfinden des Hier und Jetzt entfalten kann und aus der man vor allem sein Leben gestalten und leben kann.

Ich sah in die Weite, die sich mir von dem Bergfelsen aus, auf dem ich saß, eröffnete, und begann dieses Thema des Loslassens und In-seiner-Kraft-sein von der persönlichen Ebene immer weiter auszudehnen bis hin zu globalen Zusammenhängen. Ein wichtiger Aspekt in dieser Bewusstwerdung zeigte sich in dem Land, das vor mir lag. Wohin ich auch sah, dieses Land hatte so viel zu bieten – Wärme, Pflanzen, eine reiche Tierwelt. Es verfügte über alles, was es brauchte, um ein Leben aus der eigenen Kraft heraus führen zu können. Ich spürte seine Fülle und Fruchtbarkeit und im selben Atemzug auch die Ohnmacht der Menschen, die sich ausbeuten ließen und abhängig waren von denjenigen, die sie ausbeuteten. Die Auswirkungen davon, nicht in seiner Kraft zu sein, taten sich mir somit auf einer völkerumfassenden Ebene auf. Da man kein Vertrauen in sich selbst und seine eigenen Möglichkeiten hat, gibt man einen großen Teil seiner Macht an andere ab, die dann über das eigene Wohl bestimmen.

Blickt man einmal auf die Extreme in unserer derzeitigen Weltordnung, dann gibt es Entwicklungsländer und Weltmächte. Das Entwicklungsland ist nicht in seiner Kraft und wirtschaftlich abhängig von anderen Staaten, da es seine Ressourcen nicht aus eigener Kraft heraus nutzen kann. Dabei wird es nicht selten auch noch der eigenen Ressourcen beraubt. Gleichzeitig ist das Entwicklungsland in dem Wertesystem verhaftet, das die ganze Welt beherrscht. Darin geht es hauptsächlich darum, so viel Geld wie möglich zu haben. Die ärmeren Länder nehmen sich die reicheren zum Vorbild und verfolgen ebenso materialistische Ziele, um so viel wie möglich konsumieren zu können.

Ganz gleich, welches Land ich nach meiner Reise nach Ecuador noch besuchte, in den ärmlichsten Dörfern durfte eines nicht fehlen, und das war der Fernseher. Er war ein Statussymbol, und die Menschen dort waren stolz darauf, denn durch ihn fühlten sie sich dem Reichtum der anderen etwas näher. Dabei habe ich mich nicht nur einmal gefragt, was sie mit diesem Geld für ihren Fernsehapparat alles hätten kaufen oder aufbauen können, um ihre Lebensqualität wirklich zu verbessern.

Wenn man arm ist und kaum sein Überleben sichern kann, dann kann es sein, dass man auch mal neidisch auf Menschen schaut, die jeden Tag an reich gedeckten Tischen sitzen. Aber warum übernimmt man automatisch das Weltbild der Reichen, in dem es darum geht, immer mehr zu besitzen und haben zu wollen, anstatt sich auf sich selbst und die eigenen Ressourcen zu besinnen? In den meisten ärmeren Ländern werden die westlichen Staaten als Vorbild angesehen, deren Konsumverhalten nachgeeifert wird. Darin zeigt sich, dass jeder, der nicht in seiner Kraft ist, stark beeinflussbar ist.

Stellen wir uns einmal eine arme Bäuerin in China vor und nehmen an, sie sei in ihrer Kraft. Was könnte sie bewundernswert finden an der makellosen Schönheit einer Hollywoodschauspielerin? Da sie sich ihrer selbst bewusst wäre, ihrer Stärken und Schwächen, ihrer Handlungen und persönlichen Situation, käme sie nicht auf die Idee, sich diese Schönheit und den Luxus als Ziel zu setzen. Sie braucht niemand anderes zu sein, als sie ist, weil sie zufrieden ist mit dem, was sie ist. In der Kraft sein bedeutet, Ja zu sagen zu sich und seinem Leben und einfach da zu sein – im Augenblick.

Viele Länder haben sich bereits untergeordnet und verfolgen das Ziel, ihr eigenes System dem der reichen Länder anzupassen. Sie gehen davon aus, Wohlstand und Glück darin finden zu können, und haben das dazu passende Wertesystem übernommen. Um in ihre eigene Kraft zu kommen, müssten sie sich nur auf ihre eigenen Ressourcen und Werte besinnen. Doch damit ist auf persönlicher wie auch staatlicher Ebene Angst verbunden, die mit dem Mangel an Vertrauen in sich selbst und in die eigene Kraft einhergeht.

Aber auch die Weltmächte sind nicht in ihrer Kraft, denn wenn sie es wären, würden sie anderen helfen, ebenso in ihre Kraft zu kommen, und sie nicht ausbeuten und unterdrücken. Sie befinden sich in einem ständigen Kampf um ihren Machterhalt und um die Ausweitung ihrer Macht. Das zeigt, dass sie sich genauso wenig bewusst sind über ihre eigenen Ressourcen, Stärken und Schwächen. Auch sie handeln aus einer Angst heraus, der Angst, alles wieder zu verlieren, sowie der Angst um ihr Wertesystem, auf dem sie ihre Macht aufgebaut haben. Sie befinden sich in einer Starre, in der man an dem festhält, was man sich aufgebaut hat, und in der eine wirkliche Weiterentwicklung nicht möglich ist.

In der eigenen Kraft sein beinhaltet, einen inneren Halt zu besitzen, um loslassen zu können – Gefühle, Zustände, vergangene Erlebnisse, übernommene Regeln und Wertevorstellungen. In seiner Kraft kann man den Tod genauso annehmen wie auch das Leben, da man in das Hier und Jetzt vertraut und sich somit allem hingeben kann, was geschieht, ohne es zu bewerten. Mir wurde bewusst, dass ein Mensch, der keine Angst vor dem Tod hat, das Leben mit dem, was es mit sich bringt, willkommen heißen kann und dabei viel lebendiger wird.

Nachts um vier

Nach meiner Reise ließ ich mir viel Zeit, um meine Erlebnisse in mir zu spüren und sie nachwirken zu lassen. Ich trug sie in mir wie einen Schatz, den ich mir zuerst einmal selbst genau anschaute, um ihn dann auch anderen zu zeigen. Deshalb dauerte es eine ganze Weile, bis ich anfing, über meine Erfahrungen zu sprechen. Im Austausch mit anderen Menschen bemerkte ich dann, wie sie sich tief in mir verwurzelt und in mein System integriert hatten. Ich spürte Dankbarkeit für die vielen Erkenntnisse, die ich gewonnen hatte. Diese richtete sich auch an meine Mutter, die mir dieses Abenteuer ermöglicht hatte. So war sie kaum überrascht, als ich ihr einige Monate später erzählte, dass ich einen Job als Bedienung angenommen hatte, um mir möglichst bald meine nächste Reise finanzieren zu können. Meine Mutter vertraute mir wie immer. Sie wusste, dass ich keinen Alkohol trank, gut auf mich aufpassen und die Verantwortung für mich tragen konnte.

Mein Tag war von nun an komplett ausgefüllt. Am Vormittag war ich in der Schule, mittags ging ich zu

Peter in die Praxis, und anschließend arbeitete ich bis ungefähr vier Uhr morgens als Bedienung. Ich mochte meinen neuen Job sehr. Es machte mir Spaß, das volle Tablett durch die Menschenmenge zu jonglieren, hier und da herumzuflachsen und ganz nebenbei Menschen zu beobachten – wie sich Fremde näherkamen, Bekannte sich amüsierten oder Freunde sich stritten und wieder versöhnten. Mir blieben allerdings nur noch zwei bis drei Stunden Schlaf, weshalb ich im Lauf der zweiten Woche immer müder wurde, bis ich mich eines Nachts hinsetzte und mich zentrierte. Ich nahm alle Eindrücke und Informationen des Tages wahr, die ich noch in mir trug, wodurch sie sich langsam von mir lösten. Diese Trennung dessen, was zu mir gehörte und was nicht, hatte eine unmittelbar reinigende Wirkung auf mein gesamtes System. Am nächsten Morgen fühlte ich mich frisch, ausgeruht und wieder voll aufnahmefähig.

So fing ich an, mich jede Nacht zu zentrieren oder die weiteren Phasen von ReSource zu machen. Da ich schon lange geübt darin war, brauchte ich für meine Zentrierung lediglich fünf bis zehn Minuten pro Nacht. Diese Meditation nimmt anfangs wesentlich mehr Zeit in Anspruch, um sie zu verinnerlichen und ihre Wirkung in all ihren Facetten kennen zu lernen. Aber sobald man gelernt hat, sich tief auf sie einzulassen und sich ihr in jeder Sekunde voll und ganz hinzugeben, reduziert sich der Zeiteinsatz auf ein Minimum. Da es eine Methode ist, die man in jedem Moment des Alltags nutzen kann, wird sie zu einem wertvollen Mittel, um schließlich in Sekundenschnelle wieder zu sich zu kommen und Abstand zu gewinnen. Drei Jahre lang meditierte ich jede Nacht, und die starke Präsenz, die daraus hervorging, gab meiner Aufmerksamkeit eine neue Qualität. Meine nächtliche Übung hatte außerdem die willkommene Nebenwirkung, dass sich meine Leistungen in der Schule dabei sogar verbesserten.

Während dieser Zeit wurde ich in Peters Praxis vermehrt mit Patienten konfrontiert, deren augenblickliche Thematiken mit der Lunge in Verbindung standen. Wie immer, wenn sich ein Thema durch häufiges Auftreten bemerkbar machte, wusste ich, dass es Zeit war, dieses näher zu erforschen. So folgte ich beim Lernen der TCM immer dem Fluss dessen, was mir begegnete, und war gespannt darauf, was ich darüber in Erfahrung bringen konnte. Kaum hatte sich das Thema Lunge angekündigt, ergab sich auch schon ein interessantes Gespräch mit Peter darüber. Er erzählte mir von Lungenpunkten am Körper, die in den Lehrbüchern keine Erwähnung fanden. Es waren geheime Punkte, die nur den Mönchen und Kaisern in China vorbehalten gewesen waren. Deren Behandler mussten Sorge dafür tragen, dass niemand von ihnen erfahren, geschweige denn sie nutzen würde. Peter konnte mir keine wirkliche Antwort darauf geben, warum dies so war, denn offiziell gibt es bis heute keine Aussagen darüber.

Während er sprach, wurde ich neugierig und wollte mehr darüber herausfinden. Ich wusste, dass in der TCM jedem Organ eine bestimmte zweistündige Tages- beziehungsweise Nachtzeit zugeordnet ist. Während dieses Zeitraums ist das jeweilige Organ am aktivsten, was sich heilsam oder auch störend auswirken kann. Ich erinnerte mich, dass nachts um vier Uhr, also immer genau dann, wenn ich mich zentrierte, die Lungenenergie am stärksten war. Es war keine Frage, dass ich die nächste Nacht dem Erspüren dieser Energie widmen würde.

Die Wahrheit spüren und wahrnehmen zu können, erfordert eine neutrale Haltung, in der man frei ist von Vorstellungen davon, was man spüren möchte und wie es sich anfühlen soll. In der Zentrierung erlangt man diese Neutralität, in der es kein inneres Wollen gibt. Sie ermöglicht es, sich vorbehaltlos einzulassen, gleichzeitig in einem klaren Abstand zu bleiben und die Informationen nicht zu bewerten. Es geht also nicht darum, in einer Energie zu schwelgen, weil man sie als angenehm bewertet und empfindet, sondern sie einfach nur klar wahrzunehmen, was wiederum nicht bedeutet, dass man sie nicht genießen kann. Der Unterschied zwischen Genuss und Schwelgen ist, dass man im Genießen im Augenblick bleibt und im Schwelgen in das Gefühl hineingezogen wird, so dass man den Kontakt zu sich, zum Hier und Jetzt sowie zu seiner Neutralität verliert.

Ich ließ also alles offen – ob ich die Lungenenergie überhaupt spüren oder ob ich etwas herausfinden würde. In meiner Meditation gab es nichts, was ich wollte, es gab nur mein einfaches Dasein, in dem ich offen war für das, was auch immer sich entfalten wollte. Energien werden in ihrer Wahrhaftigkeit spürbar, wenn man bereit ist, sich bedingungslos dem Augenblick hinzugeben und gleichzeitig bei sich und in seinem Körper zu bleiben.

In dieser Haltung öffnete ich mich für den Moment und für die Qualität dieser speziellen Zeit. Was ich nun spürte, war eine luftige und kristallene Energie, die ich mit meinen Sensoren behutsam ertasten und erfassen konnte. Ich nahm sie wahr, als sei ich sie selbst, und ließ mich auf das lebendige Spiel der sanft schwingenden Vibrationen ein. Jetzt begann sie, langsam in mir nach oben zu steigen. Es war ein weiß-silbrig schimmernder Fluss, der wellenartig durch meinen Körper floss. Diese Energie ging über meine Lungenflügel und über meinen Kopf hinaus.

Ich spürte, wie der Fluss in mir eine Verbindung herstellte zwischen der materiellen und immateriellen, zwischen der körperlichen und feinstofflichen Ebene des Seins. Es war eine tiefe Erfahrung, in der ich die Verbundenheit meiner Feinfühligkeit mit dem Außen, den anderen Menschen und allem um mich herum wahrnehmen konnte. In diesem Moment wurde mir der Zusammenhang zwischen der Lungenenergie und der Medialität klar. Die Lungenenergie birgt also die Möglichkeit, sich für die eigene Feinfühligkeit zu öffnen, und erleichtert es, in den Fluss der medialen Wahrnehmung zu gelangen.

Aufgrund ihrer Funktion kann man die Lunge auch als Kontaktorgan nach außen betrachten. Mit unserem Atem sind wir immer verbunden mit allem, was außerhalb von uns liegt. Wir alle schöpfen mit ihm aus der gleichen Luft, dem gleichen Raum, das heißt, durch ihn sind wir auch alle miteinander verbunden. In der Lunge wird die Atemluft von außen aufgenommen, umgewandelt, und der lebensnotwendige Sauerstoff, wird den roten Blutkörperchen zugeführt. Der Atem transportiert also den feinstofflichen Sauerstoff, und die Lunge sorgt dafür, dass er vom Körper aufgenommen werden kann.

Auf diese Weise stellt die Lungenenergie eine Verbindung her zwischen der feinstofflichen und der körperlichen Ebene. Die Funktion der Lunge steht damit in Analogie zur Medialität. So wie die Lunge den Sauerstoff aus der Atemluft aufnimmt und dem Körper nutzbar macht, so nehmen unsere medialen Sinne Informationen auf feinstofflicher Ebene auf und geben sie an unseren Körper weiter, in dem sie dann spürbar werden und durch das kognitive System verarbeitet werden können. Wenn ich mich für die feinstoffliche Ebene öffne und mich energetisch verbinde, dann nehme ich das Wahrgenommene in mir selbst, in meinem Körper wahr. Das Feinstoffliche wird also ebenso in mir aufgenommen und verarbeitet wie der Sauerstoff in meinem Körper.

Auch in den folgenden Nächten gab ich mich ganz der Wahrnehmung der Energie dieser Zeit hin. Ich zentrierte mich und folgte mit meiner Wahrnehmung dem, was anstand. Als ich einmal den Fluss der feinen Lungenenergie in mir genoss, spürte ich die Schwingung von Akupunkturpunkten, die gelblich leuchteten. Das mussten sie sein, die geheimnisvollen Punkte, von denen Peter mir erzählt hatte, denn ich hatte sie noch nie auf einer Abbildung gesehen. Ich spürte in mich hinein und erkannte deren Zusammenhang mit der medialen Wahrnehmung, für die sie stehen.

Nach allem, was ich in der Lungenenergie gespürt hatte, schien es offensichtlich, warum diese Punkte von den Herrschern Chinas geheim gehalten worden waren. Waren sie doch maßgeblich daran beteiligt, dass die

Lungenenergie ins Fließen kommen konnte. Würden sich die Menschen für die Wahrnehmung des Feinstofflichen öffnen, würden sie in Kontakt kommen mit sich selbst, mit ihrem inneren Gespür für die Wahrhaftigkeit von allem, was in ihnen und um sie herum geschieht. Dieses Gespür ist wie ein Kompass für das eigene Leben, der anzeigt, was augenblicklich stimmig ist und was nicht. Er zeigt darüber hinaus auch die Stimmigkeit dessen, was andere tun, sagen und behaupten. Der innere Kompass ermöglicht ein Spüren außerhalb der Werte- und Machtsysteme, von denen Menschen stark beeinflusst werden. Das heißt, wenn sie lernen, ihn zu nutzen, werden sie unabhängiger und freier entscheiden und leben können. Sie können dann ihre eigene Kraft und Authentizität leben. Viele Menschen haben ein Gefühl dafür, was in welchem Moment das Richtige für sie oder auch für andere ist. Dieses Gefühl würde sich weiterentwickeln, klarer, eindeutiger, intensiver und umfassender werden, was schließlich dazu führt, dass man unangenehme oder auch ungerechte Dinge nicht mehr so leicht ignorieren kann. Nimmt man zum Beispiel einen Sonnenaufgang nur mit seinen Augen wahr, so kann man leichter über seine Schönheit hinwegsehen, als wenn man zusätzlich die Vögel singen hört, die Frische des Morgens riecht und die ganz spezielle Stimmung dieses Moments spürt. Je mehr Sinne wir benutzen, um etwas wahrzunehmen, desto klarer offenbart sich uns die Wahrheit auf immer tieferen Ebenen.

Einige Nächte lang tauchte ich tiefer oder auf anderen Ebenen in die Lungenenergie ein. Manchmal spürte ich nur sie allein, manchmal spürte ich mich in Verbindung mit ihr, und manchmal zog es mich zu etwas, das über das Spüren meiner selbst weit hinausging. Ich folgte dieser Anziehung und fühlte mich mit vielen anderen Menschen verbunden, die augenblicklich für die Thematik ihrer Feinfühligkeit offen waren. In dieser Zeit war ich sehr deutlich mit ihnen verbunden und sah ihre Medialität, die sie nicht lebten, und spürte den natürlichen Fluss, der sich in ihnen öffnen wollte. Unbewusst blockierten sie diesen Vorgang jedoch, denn es gab eine tiefe Angst davor, die Wahrheit zu spüren und zu sehen, sowie vor der Veränderung, die dies für ihr Leben bedeuten würde. Deshalb schaut man einfach nicht hin und fokussiert dann seine Aufmerksamkeit auf etwas anderes. Manche Menschen gehen aus sich und ihrem Körper heraus, um sich nicht zu spüren. Andere schalten ihren Kopf umso mehr ein, um ihr Gespür dadurch auszuschalten. Es ist dann, als wolle man die Geräusche um sich herum übertönen, indem man das Radio auf volle Lautstärke dreht.

Bei all den Abwehrmechanismen geht es immer um eines: darum, sich selbst nicht spüren und wahrnehmen zu wollen. Nun war ich also mit den Menschen verbunden, zu denen es mich hingezogen hatte, und blieb voll und ganz bei mir. Ich war in meiner Präsenz und gleichzeitig auch bei ihnen und für sie da. Jeder hatte auf seine Art ein Thema mit seiner Feinfühligkeit, und ich begleitete sie ein Stück, indem ich mit ihnen spürte und ihnen und ihren inneren Konflikten Platz und Raum gab. Auf einer unbewussten Ebene hatte meine Präsenz eine beruhigende Wirkung auf sie, denn sie vermittelte ihnen, keine Angst haben zu müssen vor ihrer Medialität und allem, was sie dadurch wahrnehmen könnten, solange sie in sich einen Halt finden und bei sich bleiben können.

Die Feinfühligkeit der Menschen wurde in unserer Kultur über Generationen hinweg unterdrückt. Dies hatte zur Folge, dass es für Menschen mit einer feinfühligen Begabung schwierig ist, die eigenen inneren Sinne ganz natürlich zu entwickeln und ebenso natürlich zu lernen, sie zu nutzen. Die persönliche wie auch kollektive Unterdrückung der Feinfühligkeit führen dazu, dass man keine klare Verbindung zu ihr hat und sie nicht aus ihrer wahren Tiefe heraus nutzen kann. Diese Verbindung ist es, die hineinführt in die innere Kraft des Menschen, denn in der Entfaltung der Feinfühligkeit liegt die Chance, seine Potenziale zu entdecken und aus sich heraus zu leben. In ihr liegt die Möglichkeit, sich von seiner gewohnten Rolle zu lösen, in der man glaubt, nur andere, ganz besondere Menschen könnten die Wahrheit sehen, und nur eine höhere Macht könne Heilung bewirken. Man geht im Allgemeinen davon aus, Hilfe von außen zu brauchen, hat sich an diese gewöhnt und vermutet nicht einmal, dass man über innere Möglichkeiten verfügt, durch die man Unabhängigkeit erlangen könnte. Mit der Unterdrückung der Feinfühligkeit wird also gleichzeitig verhindert, dass Menschen in ihre innere Kraft hineinfinden.

Dabei will alles im Inneren gelebt werden. Viele Menschen mit ausgeprägten medialen Begabungen leiden darunter, diesen wichtigen Teil ihres Inneren nicht leben zu können. Sie haben in ihrer Kindheit immer wieder schmerzhafte Erfahrungen damit gemacht, wenn sie ihrer Gabe Ausdruck verliehen haben. Diese Erfahrungen sind sehr unterschiedlich, aber immer mit dem Gefühl verbunden, mit der eigenen Feinfühligkeit nicht angenommen und geliebt zu werden. So bekam man zum Beispiel immer wieder gesagt, man solle nicht so empfindlich und sensibel sein. Oder aber es wurde einem durch ein abweisendes Verhalten vermittelt, dass die eigenen Gefühle keine Rolle spielten und nicht der Beachtung wert waren. Man fühlte sich dann in einer Welt, in der man angenommen und geliebt werden wollte, allein und hilflos stehen gelassen. Dies kann schnell zu dem Schluss führen, dass etwas nicht in Ordnung mit einem selbst und seinen Gefühlen sei, und man beginnt, seine feinfühligen Anteile zu unterdrücken.

Eine andere Erfahrung, die viele Menschen in ihrer Kindheit gemacht haben, ist, dass die Eltern gar nicht hören wollten, wenn sie ihre Empfindungen ausdrückten, vor allem wenn sich die Eltern dadurch mit Dingen konfrontiert fühlten, die sie selbst nicht sehen wollten. Wer die Wahrheit ausspricht, ist nicht immer der Beliebteste, aber genau das wollte man ja sein und besonders für seine Eltern – beliebt und liebenswert, weshalb man lieber dazu überging, seine Gefühle nicht mehr zu fühlen und seine inneren Bilder nicht mehr sehen zu wollen. Man konnte ihnen und somit der eigenen Wahrnehmung nicht trauen, wenn sie dazu führten, nicht ernst genommen und nicht verstanden zu werden.

Feinfühlig zu sein, ist somit für die meisten Menschen eng verknüpft mit der Erfahrung tiefer Verletzungen, weshalb sich das Unterbewusste stark wehrt, wenn dieser Mensch beginnt, seine Medialität zu entfalten. Für manche Menschen ist ihre Feinfühligkeit auch mit schmerzhaften Erlebnissen verbunden. Wenn ein Kind zum Beispiel spürt und wahrnimmt, dass seine Eltern sich trennen werden und dies dann Wochen später wirklich eintritt, geschieht es sehr häufig, dass sich das Kind selbst die Schuld dafür gibt. Es fühlt sich verantwortlich, da es davon ausgeht, die Situation durch seine Wahrnehmung selbst herbeigeführt zu haben. In diesem Fall wird seine mediale Begabung auf unbewusster Ebene mit diesem Verlust verbunden sein. Diese schmerzhaften Erfahrungen rufen starke Abwehrmechanismen in der betreffenden Person hervor, die dafür sorgen, die damit verbundenen Gefühle von sich fernzuhalten. Sie verhindern, dass man seine Feinfühligkeit entfalten, in seine Kraft finden und aus sich heraus leben kann.

Wenn ein Mensch nun beginnt, den Weg der Selbstverwirklichung zu gehen, und er sich für seine Wahrnehmung öffnen möchte, werden ihm all die Verletzungen und schmerzhaften Erfahrungen begegnen, die ihn dazu veranlasst haben, sich davor zu verschließen und sich innerlich zurückzuziehen. Im Durchlaufen der tiefen Prozesse, auf die er sich dann einlassen kann, bekommt er die Möglichkeit, sich mehr und mehr an die Begegnung mit seinen inneren Empfindungen heranzuwagen, um die Feinfühligkeit wieder zu entdecken und zur Entfaltung zu bringen. Indem er seine verdrängten Verletzungen nach und nach heilt, verlieren sie ihren Einfluss auf seine Wahrnehmung, und sie kann sich in ihrer Wahrhaftigkeit entwickeln. Das erfordert Mut und ist mit dem Wagnis verbunden, sich den verdrängten Gefühlen und verletzten Empfindungen zu stellen und sie zuzulassen, um dann die eigene Medialität und Feinfühligkeit wieder ungehindert und auf natürliche Weise leben zu können.

Da ich meine Medialität von klein auf ungehindert und auf natürliche Weise lebe, möchte ich Menschen helfen, die Freude an ihrer Feinfühligkeit zu entdecken und sich auf ihr inneres Potenzial zu besinnen, das eine ganz neue Intensität des Lebens mit sich bringt. Für mich ist es immer wieder eine erfüllende Erfahrung, an anderen zu beobachten, wie befreiend es sein kann, die eigene Medialität wieder zuzulassen und sich ihrer bewusst zu werden, denn dadurch kann all die Kraft wieder frei fließen, mit der sie bislang unterdrückt wurde.

Meine eigene Medialität wurde nie unterdrückt, sondern auf ganz natürliche Weise durch die Unterstützung meiner Geistigen Lehrer gefördert. Der Fokus lag dabei auf der Klarheit und Genauigkeit meiner Wahrnehmung, die auf einer wertfreien und neutralen Haltung beruht. Darin lernte ich, mir darüber bewusst zu sein, wovon sie getrübt und gefiltert werden könnte, und auch, wie ich sie immer wieder überprüfen kann.

Lichtnahrung

Es gibt Zeiten, da spüre ich, dass sich mein Körper auf Reinigung einstellt und es ansteht, eine Fastenkur zu machen. Ich habe dann weder Appetit noch Hunger, und ganz gleich, was ich im Kühlschrank sehe oder mir angeboten wird, mein Körper will es nicht. Damit ist ein klar erkennbares Gefühl verbunden, und so gebe ich dem Impuls meines Körpers nach.

Während einer meiner Fastenzeiten hatte ich eine prächtig blühende Kurkumapflanze in meinem Zimmer stehen, die begann, meine Aufmerksamkeit auf sich zu ziehen. Immer wenn mein Blick auf sie fiel, schien sie sich mir zuzuwenden und mir in ihrem pinkfarbenen Kleid zuzuleuchten. »Was will die bloß?«, fragte ich mich und wandte mich nun meinerseits ihr zu. Ich öffnete mich für die Verbundenheit mit ihr und ließ die Erfahrung zu, die sie in mir auslöste.

Die Sonne schien, und ich fühlte, wie die Pflanze sich ihr entgegenstreckte, um sich aus dem Sonnenlicht ihre Nahrung zu ziehen. Ich ging tiefer in diesen Prozess hinein, indem ich mich mit den Zellen meiner Pflanze verband. Nun beobachtete ich ganz genau, wie sie sich öffnete und das Licht in sich aufnahm. Es war unglaublich schön, dies mitzuerleben, und ich folgte dem Weg des Lichts, das sie in ihren Zellen umwandelte, um die Energie zu gewinnen, die sie für ihr Dasein und Wachstum benötigte. Ich war fasziniert von der Schönheit dieses natürlichen Vorgangs, den ich in der Pflanze mit gespürt hatte.

Dabei wurde ich auf etwas in meinem Körper aufmerksam, ließ mich darauf ein und spürte dem nach, was sich mir zeigen wollte. Es war etwas in mir, das wie die Pflanze Licht in Energie umwandeln kann. Da ich bei meiner Pflanze diesen Prozess miterleben konnte, hatte ich von ihr gelernt, wie er abläuft, und konnte diese Erfahrung nun bei mir selbst anwenden. Das Licht der Sonne, die auch auf mich ihre wärmenden Strahlen warf, wurde von der Stelle in meinem Körper, die ich entdeckt hatte, angezogen. Von dort aus konnte ich es aufnehmen, umwandeln und sozusagen Sonne essen. Zwei Monate lang ernährte ich mich fortan nur von der Sonne. Das für mich wirklich Erstaunliche daran war, dass ich kein Gramm abnahm und mein Körper blieb, wie er war, da ich genügend Nährstoffe für mich umwandeln konnte.

Was ich in mir entdeckt hatte und mir diese Umwandlung des Lichts in Energie ermöglichte, war wie ein Hardwareelement in meinem Inneren. In der Verbundenheit mit meiner Kurkumapflanze speicherte ich dann die notwendige Software, das Programm, das sie zum Laufen brachte. Wie ein Computer, der ein CD-Laufwerk braucht, um CDs abzuspielen, braucht der Körper diese spezielle Hardware, um das Licht der Sonne umsetzen zu können. Da sie nicht zur Grundausstattung jedes Körpers gehört, begibt man sich in große Gefahr, wenn man versucht, sich von Sonnenlicht zu ernähren, ohne über die notwendige Hardware zu verfügen. Ich würde auch nie jemandem raten, es auszuprobieren, denn Menschen, die sich nicht über das Sonnenlicht ernähren können, müssen Nährstoffe zu sich nehmen, um die überlebenswichtigen Funktionen im Körper aufrechtzuerhalten. Man sollte meinen, das weiß doch jedes Kind, aber andererseits gehen viele Menschen hohe Risiken ein, um außergewöhnliche Sinneserfahrungen machen zu können. Aus meiner Sicht ist es im Leben einfach nur so, dass die Erfahrungen, für die man innerlich wirklich bereit ist, sich ganz natürlich einstellen. Heute geschieht es hin und wieder, dass ich mich für das Licht der Sonne öffne, aber im Grunde genommen esse ich am liebsten Pizza.

Ein Seminar in Medialität

Obwohl ich schon lange von der Existenz einer spirituellen Szene wusste, war ich bislang noch nie in Kontakt gekommen mit den Menschen, die sich ihr zugehörig fühlten. Ich wusste nichts über deren Theorien, Methoden, Medialität und Heilformen, also auch nicht, womit sich andere spirituelle Menschen beschäftigten. Das sollte sich während meines Psychologiestudiums ändern, als meine Geistigen Lehrer mir vorschlugen, an einem Seminar teilzunehmen, in dem Medialität gelehrt wurde. Ich war neugierig, was ich dort lernen sollte, und sie sagten, dass meine Teilnahme mit einem klaren Ziel verbunden sei. Schon seit meiner frühen Kindheit hatten sie begonnen, mir schrittweise zu zeigen, wie ich meine Medialität verschließen kann, um nicht immer alle Eindrücke wahrnehmen zu müssen. In diesem Seminar sollte ich nun lernen, dies auf einer ganz bestimmten Ebene zu tun, die mir dort begegnen würde.

Nachdem meine Geistigen Lehrer mit mir darüber gesprochen hatten, ging ich zur Bank, um meine finanzielle Situation mit meinem Vorhaben abzugleichen. Zu meinem Erstaunen sah ich, dass mein Guthaben um haargenau die Summe angewachsen war, die das Seminar kostete. Für meine Freunde war das etwas, das sie auch gern erleben wollten, aber für mich war es einfach nur klar und stimmig. Dieses Geld war mir nicht von irgendeiner höheren Macht gegeben worden, und ich hatte auch nicht darum gebeten. Seine Existenz auf meinem Konto war der Ausdruck meiner inneren Bereitschaft, meine Aufgabe zu erfüllen und dafür alles zu geben.

Als meine Freunde wissen wollten, wie sie so etwas auch erreichen könnten, fragte ich sie, ob sie das, was sie für ihr Geld erwarben, wirklich wertschätzten und ob sie bereit waren für das, was sie erreichen wollten, ihren vollen Einsatz zu bringen. Es ist nicht der Kontostand, der die Stimmigkeit einer Sache anzeigt. Ich sagte ihnen, wenn etwas stimmig für sie sei und ihnen dies so viel wert wäre, wie es tatsächlich wert sei, dann würden sie mit ihrem Einsatz Umstände anziehen, die ihnen das Stimmige ermöglichen. Das hieße allerdings nicht, dass man zu Hause sitzen und warten sollte, dass der große Geldsegen einen ereilte, sondern das Engagement und der Einsatz seien das Ausschlaggebende. Wenn einem etwas wirklich wichtig und es gleichzeitig auch stimmig ist, geschieht alles im Fluss dieser Stimmigkeit. Zudem stellt sich die Frage, ob man seinen eigenen Wert schätzen kann und somit auch bereit ist, etwas zu empfangen. Denn man zieht mit seiner Resonanz stets das an, was dem eigenen inneren Wertigkeitsgefühl entspricht.

Die Suche im Außen

Gleich zu Beginn des Seminars für Medialität wurden wir alle gefragt, was wir von dem Seminar erwarteten und welches Ziel wir verfolgten. Viele äußerten ihren Wunsch, in Kontakt mit ihren geistigen Helfern zu kommen. Sie erzählten davon, dass sie schon immer mehr gespürt und teilweise auch gesehen hatten als andere. Einige von ihnen hatten mediale Lebensberater, von denen sie darin bestärkt wurden, zu ihrer Begabung zu stehen und zu lernen, medial wahrzunehmen. Manche berichteten auch von Channelings und wie berührt sie gewesen seien von der Anwesenheit der Engel dort. Sie waren fasziniert von der Vorstellung, zu jeder Zeit liebevolle geistige Wesen um sich herum zu haben, mit ihnen in Kontakt sein zu können und nicht nur deren Liebe, sondern auch Antworten auf wichtige Fragen ihres Lebens zu bekommen. Neben dem Sehen der Aura und der Chakren war dies der Hauptwunsch, mit dem diese Menschen zum Seminar gekommen waren: die Begegnung mit der Geistigen Welt und durch sie erfahren zu können, was richtig ist und was nicht.

Während sie sprachen, lag so viel Hoffnung in der Luft, Vorfreude und vor allem Sehnsucht – Sehnsucht nach Liebe und Geborgenheit, die von einer allwissenden höheren Macht ausgehen. Ich spürte die innere Bereitschaft der Menschen um mich herum, für dieses Bedürfnis weit aus sich herauszugehen und den Kontakt zu ihrem Inneren und zur Erde zu verlieren. Ihre Sehnsucht berührte mich sehr, und ich fragte mich, warum sie ihre Erfüllung und Liebe im Außen, im Kontakt zu geistigen Wesen suchten.

Meine eigenen Erfahrungen, meine Wahrnehmung und alles, was ich gelernt hatte, zeigten mir, dass wir alles haben, was wir brauchen. Jeder Mensch ist ein ganzes Universum in sich und hat somit alles, was er für seinen Weg, seine Entwicklung und Heilung benötigt. Wieso sollte man sein Glück und seine Erfüllung außerhalb von sich suchen, und welchen Nutzen sollte dies für den Einzelnen haben, seine Aufmerksamkeit und Energie nach außen zu richten? Ich spürte, dass ich einer essenziellen Frage auf der Spur war. Dabei fing ich an zu verstehen, warum die Menschen im Außen nach Liebe suchen.

Seit der frühen Kindheit lernt man in unserer Gesellschaft, sich am Außen zu orientieren. In dem essenziellen Bedürfnis nach Liebe bemerkt man schon bald nach der Geburt, dass es bestimmte Verhaltensweisen und Eigenschaften gibt, für die man mehr und solche, für die man weniger Zuwendung erhält. Dabei lernt und verinnerlicht man, sich am Außen, also an den anderen zu orientieren und nicht auf der Grundlage des eigenen Inneren zu entscheiden, was richtig oder falsch ist. Aus dem Wunsch nach Geborgenheit heraus übernimmt man dann das Wertesystem der anderen. Dies hat zur Folge, dass man sich unbewusst immer damit beschäftigt, die entsprechenden Wesensanteile hervorzuholen oder zu verdrängen. In dieser unbewussten Entscheidung hat man viel zu gewinnen und zu verlieren – Lob, Anerkennung, Zuwendung und Liebe oder aber Zurechtweisung, Bestrafung und Missachtung.

Da man sich an den äußeren Bewertungen orientiert und sich dadurch nicht als Ganzes angenommen fühlt, entsteht das Gefühl, nicht gut genug zu sein. Dieses Gefühl bewirkt, dass man erst gar nicht anfängt, in seinem Inneren nach Licht und Liebe zu suchen. Man fragt sich unbewusst: Warum soll ich nach innen gehen, wenn dort etwas sein könnte, was mangelhaft ist, oder dass sich vielleicht sogar noch etwas im Verborgenen auftut – wenn ich dort all dem begegne, wofür ich nicht wirklich geliebt werde? Man kann sich nicht vorstellen, dass sich dort alles befindet, was man braucht, um glücklich zu sein und heil zu werden. So geht man aus sich heraus und sucht die Anerkennung, Aufmerksamkeit und die bedingungslose Liebe, nach der man sich seit seiner Kindheit sehnt, weiterhin außerhalb von sich selbst – zum Beispiel bei Partnern, Freunden, Therapeuten oder der Geistigen Welt.

Da ich nicht viel über die Medialität der anderen Menschen wusste, dachte ich, dass die Seminarteilnehmer nun hier lernen würden, ihre inneren Sinne zu nutzen, um in einen tief gehenden Kontakt zu sich selbst zu kommen, und sie somit ihre eigene innere Kraft und Liebe entdecken könnten. Für mich war es eine klare Sache, dass es beim Erlernen von Medialität darum ging, in sich selbst die Antworten auf sein Leben zu finden. Deshalb ging ich selbstverständlich davon aus, dass sie nun beginnen würden, ihr eigenes inneres Gespür für Stimmigkeiten und Unstimmigkeiten zu entwickeln. Dabei würden sie herausfinden, was gut für sie ist und was nicht, welcher Schritt sie weiterbringt und welcher nicht. Bei diesen Überlegungen ging ich von der

Medialität aus, die ich gelernt hatte und die es ermöglicht, die eigene Essenz zu spüren, um aus ihr heraus zu leben und glücklicher zu sein.

Nun war ich gespannt, die Technik kennen zu lernen, durch die wir in unsere Medialität hineingehen sollten. Als Erstes wurden wir angeleitet, unser Kronenchakra zu öffnen, damit wir durch diese Öffnung eine lichte Energie von außen in den Körper hereinlassen konnten. Um medial wahrzunehmen, sollten wir dann diese Energie durch alle oberen Chakren bis zum Herzen fließen lassen. Ich folgte dieser Anleitung, die im deutlichen Gegensatz zu meiner eigenen Wahrnehmung stand, die von den unteren Chakren ausgehend durch alle anderen Chakren hindurch in die Medialität führt. Die Übung widerstrebte mir zutiefst, und ich spürte, wie alles in mir durcheinandergeriet.

Im Vertrauen darauf, dass meine Anwesenheit einen guten Grund hatte, und mit meiner Aufgabe vor Augen, zentrierte ich mich und folgte den Anleitungen der Seminarleiterin. Die Quelle der Energie, die ich mir durch das Kronenchakra hereinholen sollte, lag außerhalb meines eigenen Systems. Ich empfand es als unnatürlich, mich einer fremden Energie zu bedienen, die ich nicht einmal kannte. Man sollte einfach alles aufnehmen, ohne vorher zu spüren, was es war und welcher Quelle es entsprang. Alle gingen ganz selbstverständlich davon aus, dass es eine hohe Energie sein würde.

Noch nie zuvor hatte ich Energien von außen zu Hilfe geholt – weder für meine Wahrnehmung noch für meine Entwicklung. Meine Geistigen Lehrer hatten mich von Kindheit an darin unterstützt, nur aus meiner eigenen

Energie, also auch aus meiner Kraft und Liebe heraus wahrzunehmen und mich weiterzuentwickeln. So war ich immer in einem Zustand, in dem ich aus der Energie meiner eigenen Essenz die feinstoffliche Welt sah, spürte und hörte. Was hier im Seminar geschah, war mir fremd, und alles zog sich in mir zusammen.

Der Seminarraum füllte sich mehr und mehr mit Eindrücken und Energien, die zunächst wie Regentropfen auf mich herunterrieselten. Sie entsprachen in keiner Weise meiner Erfahrung von hoher und klarer Energie, und ihre Präsenz im Raum wurde langsam so heftig und unangenehm, dass sich mein ganzes System dagegen wehrte. Aus dem Regen wurde ein Wasserfall, der sich über mir zu ergießen drohte. Dabei fühlte ich mich wie ein Kind, das ins kalte Wasser geworfen wurde, um schwimmen zu lernen. Zunächst kämpfte ich, um nicht mitgerissen zu werden, doch dann tat ich instinktiv das Richtige, um mich schützen zu können. In Anbetracht dieser Extremsituation verschloss ich aus der Not heraus meine Wahrnehmung. Ich erinnerte mich an meine Lehrer und daran, dass sie nicht gesagt hatten, dass mir jemand beibringen würde, meine Medialität für diese Energien zu verschließen. Sie hatten nur gesagt, ich würde es lernen. Und so war es, denn ich hatte es, ohne darüber nachzudenken, aus meinem starken Bedürfnis nach Abgrenzung heraus einfach getan.

Als ich dann die anderen um mich herum wahrnahm, bemerkte ich, dass sie vollkommen aus sich herausgegangen waren und deshalb keine Erdung mehr hatten. Sie waren gerührt und außer sich vor Freude über die Erfahrung, mit ihren medialen Sinnen wahrnehmen zu können. Es hatte sich etwas in ihnen geöffnet, das sie seit ihrer Kindheit unterdrücken mussten. Diesen Schritt zu gehen, erforderte Mut, denn es war ein Wagnis, die Feinfühligkeit hervorkommen zu lassen. Ich spürte, wie anders und allein sich viele von ihnen ihr Leben lang gefühlt hatten und wie sie ihre Sensibilität außerhalb der Esoterikszene verdrängten. Sie hatten in dieser Gesellschaft bisher kaum Verständnis und Anerkennung dafür bekommen, denn weder ihre Familien noch die meisten ihrer Freunde konnten etwas anfangen mit ihrer Wahrnehmung, ihren tiefen Empfindungen und Ahnungen, dass es noch mehr geben musste als das offensichtlich Erkennbare. Ich sah also, welch ein wichtiger Schritt es für sie war, mit ihrer Medialität in Kontakt zu kommen.

Nun konnte ich verstehen und nachempfinden, warum die Seminarteilnehmer außer sich vor Rührung und Freude, also nicht mehr bei sich und in ihrem Körper waren, als sie lernten, ihre inneren Sinne zu öffnen und aus ihnen heraus wahrzunehmen. Sie waren gerade dabei, einen wichtigen Teil ihres Selbst zurückzugewinnen, für den sie sich immer anders als die anderen gefühlt hatten – nämlich ihre Feinfühligkeit. Das Gefühl, anders zu sein, hatte sie unbewusst stets begleitet und beeinflusst, und jetzt befanden sie sich unter Menschen, die ihnen ähnlich waren und unter denen sie ihre Empfindungen nicht mehr verstecken mussten. Es war wie ein Ankommen an einem Ort, nach dem sie sich so lange gesehnt hatten. Ihre Herzen öffneten sich, denn ihre Sehnsucht, sich ganz und gar dazugehörig und aufgehoben zu fühlen, schien in Erfüllung zu gehen. Ihre feinfühligen Anteile durften hervorkommen und waren nicht mehr das, was sie von anderen trennte, sondern das, was sie verband.

Nachdem sich alle Zeit genommen hatten, um sich in ihrer Medialität auszuprobieren, wurde nun darüber gesprochen, was man medial gesehen und gespürt hatte. Da wir dazu angeleitet waren, von den oberen Chakren aus wahrzunehmen, hatte das, wovon nun berichtet wurde, einen sehr herzlich-lieblichen Charakter. Diese Lieblichkeit entsprach dem unbewussten Wunsch, nur die sanften und liebevollen Töne des Lebens wahrzunehmen und in ihnen Trost zu finden.

Für mich hatte dies nicht viel mit Stimmigkeit zu tun, die klar und kraftvoll ist – auch wenn sie mit dumpfen oder traurigen Tönen verbunden ist. Etwas, das sich erst einmal schräg oder unangenehm anfühlt, kann trotzdem stimmig sein, und man sollte es nicht als falsch abtun. Die Wahrheit ist nicht immer das, was sich Menschen zu spüren oder zu erfahren wünschen. Wenn man nicht bei sich und nicht in seinem Körper ist, kann man nur einen kleinen Ausschnitt der Wahrheit sehen, die dadurch verfälscht wahrgenommen wird. Ich hatte schon öfter an Menschen beobachtet, dass sie mit ihrer Wahrnehmung aus ihrem Körper und ihrer Erdung hinausgingen, wenn sie etwas nicht spüren und wahrhaben wollten. In der Erdung aber findet man einen Halt in sich, der es einem ermöglicht, sich der Wahrheit bewusster zu werden und all das zu spüren, was man in seinem Körper spüren kann. Um sie unverfälscht und vollkommen wahrnehmen zu können, ist es wichtig, durch alle Chakren hindurch offen zu sein für die mediale Wahrnehmung dessen, was ist.

Kontakt zu geistigen Wesen

So lauschte ich weiterhin gespannt den Seminarteilnehmern. Katja, eine enthusiastische und unterhaltsame Frau, erzählte von ihrer Begegnung mit einem Wesen, das ihrer Meinung nach einer ihrer geistigen Helfer war. Sie war sichtlich ergriffen und voller Freude darüber, im Kontakt zur Geistigen Welt sein zu können. Während sie sprach, spürte ich das Wesen und nahm wahr, dass Katja es niemals ernsthaft nach seiner Meinung fragen würde, wenn es ihr in seiner wahren Gestalt auf der Straße begegnen würde.

Aber warum hatte sie es angezogen? Um dies herauszufinden, schaute ich mir das Gefühl und die Motivation genauer an, aus denen heraus sie zu dieser Erfahrung gekommen war. Ich spürte ihre große Sehnsucht nach lichter und liebevoller Energie. Als ich tiefer hineinging, sah ich, dass sie ihr eigenes Licht genauso unterdrückte wie ihre Schattenseiten. Zu beiden hatte sie nicht wirklich eine gute Verbindung. Katja wusste zwar, dass sie ihre Schattenseiten hatte, glaubte aber, selbst nicht die Energie zu haben, um sie annehmen und lösen zu können. Stattdessen verurteilte sie sich dafür und hoffte nun, dass diese durch Licht und Liebe von außen transformiert werden würden. Ihr sehnlichster Wunsch war der Kontakt zu himmlischen und mit Liebe erfüllten Wesen, die mit ihrem Licht ihre dunklen Seiten erhellen, ihr also ihren Schmerz nehmen und ihren angeblichen Mangel ausgleichen würden. Ich empfand starkes Mitgefühl und spürte, wie Katjas Sehnsucht und Bedürftigkeit genau der Energie des Wesens entsprachen, das sie angezogen hatte. Es war weder voller Licht noch voller Liebe, sondern spiegelte ihr Gefühl des Mangels. Wie gerne wäre ich zu ihr gegangen und hätte ihr gesagt, dass sie alles hat, was sie braucht, und somit einem bedürftigen Wesen keine Aufmerksamkeit schenken muss.

Da ich hier nun unmittelbar miterleben durfte, welche Art von Energien meine Mitschüler in ihrem Wunsch nach Liebe anzogen, wurde mir der große Unterschied klar zwischen hohen und niedrigen Energien, die mir noch nie zuvor so geballt begegnet waren. Wesen in wahrhaft hoher Energie existieren aus einer Dualitätsfreiheit heraus und brauchen keinerlei Energien von außen, also auch nicht von den Menschen, mit denen sie in Kontakt stehen. In ihrer vollkommenen Dualitätsfreiheit werden sie weder angezogen von einer Bedürftigkeit nach Liebe noch von Fragen, die unserer Dualität entspringen. Hinter vielen Fragen, die der Geistigen Welt gestellt werden, steht der Wunsch, sein Leid zu reduzieren oder zu verhindern. Dualitätsfreie Wesen sehen unser Leid aus einer ganz anderen Perspektive, denn sie bewerten es nicht als etwas, das vermieden werden müsste. Für sie existiert alles gleichwertig. Leid und Glück sind für sie nur verschiedene Formen der Gefühle, weshalb es aus ihrer Sicht keinen Anlass dafür gibt, uns vor Leid zu bewahren. Es können also keine Wesen in hoher Energie sein, die dem menschlichen Wunsch nach solchen Antworten nachkommen. Ich musste an die Verwandlungsspiele mit meinen Lehrern denken, bei denen ich sie an der Essenz ihrer Energie erkennen sollte, und wurde mir der Tiefe und Bedeutung dessen bewusst, was ich dabei lernen durfte.

An den Reaktionen der anderen las ich ab, dass niemand an der Authentizität der geistigen Wesen zweifelte, die wahrgenommen wurden. Ich spürte, wie wohl sich die anderen Teilnehmer fühlten, unter Gleichgesinnten zu sein und ihre inneren Sinne nutzen zu können, was eine wichtige und erfüllende Erfahrung für sie war. Aus ihrem Gefühl der Zugehörigkeit gingen ein großes Vertrauen und eine Faszination hervor bezüglich dessen, was ihnen nun gelehrt wurde und was sie dadurch erleben durften.

Denn was wäre gewesen, wenn sie Zweifel gehabt und diese zugelassen hätten? Das hätte bedeutet, wieder anders zu sein als diejenigen, bei denen man sich nun aufgehoben fühlte. Ich spürte ihre unbewusste Angst davor, wieder allein zu sein, und dass sie deshalb alles glauben wollten, auch wenn es vielleicht nicht stimmig war. In der Hoffnung, das Richtige zu lernen, gaben sie ihre Macht ab.

Das Vertrauen, das sie den Wesen und auch der Methode entgegenbrachten, die sie lernten, war das Vertrauen, das ihnen in ihre eigene Wahrnehmung fehlte. Sie hatten nicht gelernt, Stimmigkeiten zu spüren, weshalb sie keine andere Wahl hatten, als zu glauben. Es gab darüber hinaus auch keinen Vergleich, denn sie kannten keine andere Methode, auf die sie hätten zurückgreifen können. Mit ihrem Gefühl, hier in diesem Seminar so viel von dem gefunden zu haben, wonach sie immer gesucht hatten, erklärte ich mir ihre Bereitschaft, so weit aus sich herauszugehen und keinen Zweifel in sich hochkommen zu lassen über das, was sie lernten und wahrnahmen.

Am nächsten Tag meines Seminars erzählte ein anderer Teilnehmer, Mikkel, von seiner Begegnung mit einem Engel, die er am Abend zuvor gehabt hatte. Er empfand diese Begegnung als sehr erfüllend, und es war für ihn sehr berührend gewesen, dessen Liebe zu spüren. Die anderen Teilnehmer beneideten Mikkel teilweise um diese Erfahrung, und ich spürte, dass wieder niemand mehr eine Erdverbindung hatte, denn alle genossen das Gefühl des Angenommen- und Geliebtseins, das sie mit einer Begegnung mit einem Engel in Verbindung brachten. Ich konnte Mikkels Sehnsucht nach liebevollen Wesen deutlich spüren, was dazu führte, dass er das, was wirklich war, nicht sehen wollte. Mikkels Engel war nicht wirklich ein Engel, sondern ein Wesen, das vorgab, einer zu sein, um Mikkels Aufmerksamkeit und Energie zu bekommen. Doch warum konnte oder wollte er das nicht wahrhaben?

Als ich mich in Mikkel hineinspürte, konnte ich seine tief sitzende Traurigkeit wahrnehmen, die aus vielen kleinen oder großen Ereignissen, die ihn in seiner Kindheit verletzt hatten, entstanden war. Es waren Momente, in denen er deutlich fühlte, nicht angenommen und geliebt zu werden – so wie er war. Und genau nach dieser bedingungslosen Liebe sehnte er sich und glaubte, sie durch die lichten und liebevollen Energien eines geistigen Wesens zu erhalten. Er suchte im Außen danach, weil er sich nicht vorstellen konnte, dass er all die Liebe in sich selbst trug. Durch sein Erlebnis wurde mir die Bedürftigkeit, die darin lag, noch einmal klar vor Augen geführt und auch, was sie mit sich brachte. Da Gleiches immer Gleiches anzieht, wie hätte sich in diesem Gefühl der Bedürftigkeit ein Engel zeigen können?

Die Seminarleiterin nutzte die Gelegenheit, um über Engel zu sprechen. Mikkel betonte noch einmal, wie schön es sei zu wissen, dass sie da wären, wenn man Hilfe braucht, und dass sie helfen würden, das Dunkle in sich zu überwinden, um in die eigene Liebe zu kommen. Es war das erste Mal, dass ich andere Menschen darüber sprechen hörte und die Gelegenheit hatte mitzubekommen, was sie zu diesem Thema dachten. Ich war nicht wenig verwundert, denn meine eigenen Erfahrungen sagten mir etwas ganz anderes. Die Frage war, warum Engel zu Menschen kommen sollten, wenn sie mit ihrem Leben und sich nicht klarkommen. Wenn sie einmal helfen würden, wüsste man doch in der nächsten Not wieder nicht, wie man sich selbst helfen kann. Was würde es uns Menschen also wirklich bringen, wenn sie uns unseren Schmerz nehmen würden?

Es ist die Bewertung des eigenen Leids, die dazu führt, dass man glaubt, es könne nichts Schlimmeres geben. Aus der Schwere, die man in der eigenen Situation sieht, und dem Glauben, dass man sich nicht selbst helfen kann, leitet man dann die Notwendigkeit himmlischer Helfer ab. Es ist nicht die Aufgabe Geistiger Meister und Engel, uns zur Seite zu stehen, uns zu trösten, uns Antworten auf unsere persönlichen Fragen zu geben oder uns vor Fehlern zu bewahren. Sie erleben unsere Welt, unser Leben und vor allem unsere Entwicklung aus einer wesentlich weiteren und umfassenderen Perspektive. Sie wissen, dass wir alles haben, was wir brauchen, sie kennen unsere Ressourcen und unser

Potenzial. Wenn Engel wirklich ein Interesse daran haben, uns zu helfen, dann werden sie auf anderen Ebenen wirken, um dazu beizutragen, dass wir in unsere innere Kraft gelangen. Eben dies würden sie verhindern, wenn sie uns aus schwierigen Situationen herausholen, uns vor ihnen bewahren sowie uns immer wieder ihren Rat geben würden. All die schwierigen und schönen Situationen, die uns begegnen, sind doch unsere Chance, daraus zu lernen, zu wachsen und uns weiterzuentwickeln. Wenn Engel oder geistige Helfer für uns da sind, dann dafür, uns zu unterstützen, dass wir selbst die Verantwortung übernehmen für unser Glück, unser Leid und alles, was auf der Erde geschieht. Ob wir die Wesen der Geistigen Welt dabei wahrnehmen oder nicht, spielt weder für sie noch für uns eine Rolle.

Ich gehe davon aus, dass wir nichts geschenkt bekommen, sondern lernen können, die Schattenseiten in uns ebenso anzunehmen wie unsere Kraft und Liebe. Wie sollten wir aus unseren Fehlern lernen und wahrhaft daran wachsen können, wenn geistige Wesen immer wieder in unser Leben und unsere Entwicklung eingreifen würden? Wenn man bewusst den Kontakt zu bestimmten Geistigen Meistern und Engeln sucht, stellt sich die Frage, aus welchem Bedürfnis heraus man dies tut, und man sollte sich dessen bewusst sein, dass man aus seiner Bedürftigkeit heraus auch Tarnsauger anziehen kann.

An jenem Abend ging ich traurig nach Hause. Ich fühlte mich schwer und zerrissen, und es tat mir in meinem Inneren weh, dass die Menschen, die ich getroffen hatte, so sehr im Außen nach Glück, Erfüllung und Liebe suchten. Wenn sie sich mit den Energien, die sie aus ihrem Gefühl der Bedürftigkeit heraus anzogen, zufriedengaben, wie würden sie dann einen Weg zu sich selbst finden, ihre eigene Wahrnehmung entfalten und aus sich und ihrer Kraft heraus leben können? Sie würden vielmehr in Abhängigkeiten geraten von Wesen, die sich an ihrer Aufmerksamkeit nährten. Ich vermisste die Bereitschaft, sich selbst zu spüren und wahrzunehmen, was mir in meinem Leben schon so viele klärende und kraftvolle Momente verschafft hatte. Mit der Zeit erkannte ich, dass ich in diesem Seminar nicht nur lernte, mich vor Energien zu verschließen, sondern dass ich mir auch über die großen Unterschiede bewusst werden konnte zwischen meiner eigenen Art der Medialität und der Form, die im Allgemeinen gelehrt und angewandt wird. Dieses Seminar war mein Eintritt in die spirituelle Szene, ihre Vorstellungen und Methoden.

Die Grundzüge dieser Methode, die ich hier miterleben durfte, erkannte ich auch später immer wieder, wenn ich Menschen traf, die medial arbeiteten. Aus meiner Sicht lernten sie eine Medialität, die auf Energien von außen beruhte, die sie noch nicht gelernt hatten einzuschätzen. Aus ihrer Sehnsucht heraus nahmen sie Wesen wahr, die sich als Meister und Engel ausgaben und denen sie, ohne es prüfen zu können, Glauben schenkten. Damit die Teilnehmer sich ihren Wünschen nach Kontakten mit hohen Wesen hingeben konnten, wurde ihre Entwicklung künstlich gepusht, und sie hatten dadurch, dass sie nur aus den oberen Chakren heraus wahrnahmen, keine Erdung. So konnten sie ihre Medialität nicht schrittweise entwickeln, sondern holten eine fremde Energie in sich herein und verloren dabei den Kontakt zu ihrem Körper. Ohne Erdung und Kontakt zum Körper kann man die Wahrheit nicht wahrnehmen, da sie sich im ganzen Körper zum Ausdruck bringt.

Die Medialität, die ich gelernt habe, unterscheidet sich grundlegend von dem, was mir nun in diesem Seminar begegnet war. Die Wahrnehmung, die daraus hervorgeht, geht von den unteren beiden Chakren aus, geht bis zu den oberen Chakren durch und bringt das Spüren der Wahrheit im gesamten Körper und letztendlich auch in jeder Zelle mit sich.

Im Gegensatz dazu gehen die meisten Menschen in das Spüren ihres Herzchakras hinein, um herauszufinden, ob ein bestimmter Schritt in ihrem Leben der richtige ist. Wenn es sich bei der Vorstellung, den Schritt zu gehen, öffnet, würde dies bedeuten, dass er stimmig wäre, und falls es sich verschließt oder verhärtet, würde man sich gegen das Vorhaben entscheiden. Das Herzchakra ist also für viele Menschen die Richtlinie für Stimmigkeit. Ich möchte gerne an einem Beispiel verdeutlichen, wie irreführend dies sein kann, weil das Herz von den eigenen Wünschen und Hoffnungen leicht beeinflussbar ist.

Jede Frau stellt sich vielleicht irgendwann einmal vor, wie es wäre, ein Kind zu haben, und fragt sich, ob sie dies möchte und wann der richtige Zeitpunkt für sie und ihre Partnerschaft dafür sein könnte. Allein durch die Vorstellung, die man sich davon macht, ein kleines knuddeliges Baby um sich zu haben, das man trösten und für das man da sein kann, öffnet sich das Herz. Nehmen wir einmal eine Frau als Beispiel, die glaubt, in einem Alter zu sein, in dem es höchste Zeit sei, ein Baby zu bekommen. Sie stellt es sich sehr schön vor, sieht sich und ihren Mann, wie sie mit ihrem Kind spielen, es im Arm halten und es einfach nur lieb haben. Ihr Herz wird weich und öffnet sich, weil sich in ihm die Gefühle reflektieren, die ihrer Vorstellung entspringen und nicht der Wirklichkeit eines Lebens mit einem Kind. In der Öffnung ihres Herzens zeigt sich also nicht die Stimmigkeit, sondern nur die Reaktion ihres Herzens auf die Bilder, die sie sich davon macht, ein Kind zu haben.

Hätte sie gelernt, sich durch ihre unteren Chakren hindurch mit der Wahrhaftigkeit des Augenblicks zu verbinden, wäre sie in ihrem ganzen Körper präsent. Dann könnte sie weit über die bloße Stimmigkeit oder Unstimmigkeit des Mutterwerdens hinaus sehr differenziert spüren, was ihre Auseinandersetzung mit diesem Thema in ihr bewirkt. Sie könnte wahrnehmen, was ihre Vorstellungen sind, woher sie kommen, welche Empfindungen damit verbunden sind, was sie in ihr auslösen und welche Konsequenzen es für ihr Leben hätte, ein Kind zu haben.

In ihrem medialen Spüren würde sie wahrnehmen, dass sich ihr Herz zunächst öffnet durch die schönen Vorstellungen, die sie sich davon macht, Mutter zu sein. Da sie aber nun in ihrem ganzen Körper die Wahrheit spüren kann, nimmt sie vor ihrem gesamten Körper etwas Luftiges wahr. Darin wird sie auf ihre Fantasien und Vorstellungen aufmerksam, wie schön sie es mit ihrem Baby hätte. Dann spürt sie, wie gut sich ihr Solarplexus anfühlt, in dem sich nun zeigt, wie stolz sie ihr Baby in der Schwangerschaft tragen würde. Nachdem sie sich dieses angenehmen Gefühls bewusst geworden ist, bemerkt sie ein taubes Gefühl an ihrem Hinterkopf, das sie unruhig werden lässt. Immer wenn man etwas nicht spüren möchte, betäubt man die dazugehörige Stelle in sich, um es nicht fühlen oder sehen zu können.

Die Frau bemerkt jetzt, dass sie nicht mehr geerdet ist, weil sie das, was sich ihr zeigen möchte, nicht fühlen will. So nimmt sie noch einmal Abstand, indem sie sich zentriert, und kommt dadurch wieder in ihrem Körper und innerem Halt an. Darin kann sie ihrem Taubheitsgefühl Raum geben und ihr Nicht-Spüren-Wollen zulassen. Erst dann nimmt sie den Druck wahr, der sich erschöpfend und Kraft raubend anfühlt. Sie folgt mit ihrer Achtsamkeit diesem Druck, der nun von ihrem Hinterkopf aus nach unten bis in ihren Unterleib zieht.

Nun wird sie darauf aufmerksam, wie sich erst ihr Bauch und ihr Unterleib zusammenziehen. Eine Schwere wird deutlich, und ihr Gefühl des Sichzusammenziehens geht weiter durch ihre Beine und Füße. Es fühlt sich wie etwas Schweres, Hemmendes an, das sie daran hindert, vorwärtszukommen. Nun spürt sie in aller Konsequenz, was es für sie und ihr Leben auf lange Sicht mit sich bringen würde, ein Kind großzuziehen. Es würde sie in ihrer eigenen Entwicklung blockieren, und sie würde sich gehemmt fühlen.

Was diese Frau wahrnehmen würde, wäre also ein Verlauf, ein Prozess, den sie durchlaufen muss, um die Wahrheit Stück für Stück in sich zuzulassen. Dadurch kann sie spüren, was es auf Dauer für sie bedeuten würde, Mutter zu sein. Wenn sie nun in diesem Prozess bei sich bleibt, kann sie nicht nur wahrnehmen, dass es für sie unstimmig wäre, Mutter zu sein, sondern sie könnte auch die Hintergründe dafür wahrnehmen. Das wirklich Wichtige dabei ist, Schritt für Schritt dabeizubleiben, um die Stimmigkeit und Wahrhaftigkeit des Augenblicks erleben zu können.

Von der Schülerin zur Lehrerin

All die Erkenntnisse, die ich durch meine Beschäftigung mit den Bedürfnissen und Vorstellungen der Menschen sowie den Methoden der spirituellen Szene gewinnen konnte, zeigten mir, dass ich auf meinem Weg an einem Wendepunkt angekommen war. Indem ich sah, was die Menschen dazu bewog, Medialität zu lernen, und was sie sich darunter vorstellten, war ich mitten in der Auseinandersetzung damit, wo ich sie als Lehrerin abholen konnte. Ich nahm ihre Bedürfnisse wahr und auch die Hindernisse, die sich auftun würden, wenn ich ihnen beibringen würde, was meine Geistigen Lehrer mir beigebracht hatten. Je mehr ich mich mit meinen Aufgaben und der Verantwortung als Lehrerin auseinandersetzte, spürte ich, dass die Zeit meines eigenen intensiven Unterrichts nun zu Ende gehen würde, denn es war alles da, was ich wissen musste.

So kam ein großer und auch trauriger Moment auf mich zu – der Abschied von meinen Geistigen Lehrern. Ich hatte bemerkt, dass sie sich irgendwie anders verhielten, denn sie warteten bereits darauf, dass ich selbst erkannte, worum es nun ging. Als ich mir darüber bewusst wurde, was dies bedeutete, war ich schon mitten in einem Prozess. Dieser ähnelte dem innerlichen Ablösungsprozess eines Kindes von seinen Eltern, in dem es sich von der Fürsorge seiner Eltern löst, um eigenständig seinen Weg zu gehen. So ging es nun auch für mich darum, die Unterstützung meiner Lehrer loszulassen. Zunächst fing ich an zu rebellieren wie eine Pubertierende. Meine Widerstände äußerten sich auf sehr unterschiedliche Arten, und wie immer begegneten mir meine Geistigen Lehrer in all ihrer Klarheit und liebevollen Präsenz.

Ihre neutrale Haltung half mir, bei mir zu bleiben, und warf mich immer wieder zurück auf mich selbst. Im Gegensatz zu weltlichen Eltern fühlen sie sich ja weder angegriffen noch verletzt, noch haben sie ungelöste Themen, die in ihren Umgang mit mir und meinem aufmüpfigen Verhalten eingeflossen wären. Als ich mich langsam von meiner Auflehnung lösen konnte, spürte ich in meinem Herzen die innere Bereitschaft, in die Öffentlichkeit zu gehen und weiterzugeben, was ich gelernt hatte, und somit einen weiteren Schritt in meine Kraft und Unabhängigkeit zu gehen

Als ich bereit war, mich zu verabschieden und meine Geistigen Lehrer gehen zu lassen, spürte ich einerseits eine neue Stärke in mir, die es mir ermöglichte, sie loszulassen, und andererseits war ich sehr traurig. Sie hatten mit ihrer Präsenz in meinem Leben ein bestimmtes Ziel verfolgt, das nun erreicht war. Auch in der Geistigen Welt gibt es Zuständigkeitsbereiche, und die Aufgabe meiner Lehrer war erfüllt. Ich wusste nicht, ob ich sie wiedersehen würde, fest stand aber, dass sie mich nicht mehr auf so intensive Weise unterrichten und begleiten würden. Ich kannte mein Leben nur mit ihnen an meiner Seite, und wir hatten eine Beziehung zueinander aufgebaut, die hier zu Ende war. Nun begann eine Phase, in der es nicht mehr nur darum ging, das Gelernte für mich und mein Leben anzuwenden, sondern andere Menschen auf ihrem Weg zu begleiten, so, wie ich begleitet worden war.

Der Schritt, den ich nun gehen konnte, beinhaltete, Meditationsabende, Vorträge und Seminare zu geben, um den Menschen Teile dessen beibringen zu können, was ich gelernt hatte. Es gab auch schon einen Plan für eine gesamte Ausbildung, damit meine Schüler ihrerseits später andere in ihren Prozessen würden begleiten können. Diesen Plan hatten mir meine Lehrer schon seit einiger Zeit vermittelt, so dass ich, lange bevor die erste Gruppe starten konnte, den Inhalt in mir trug und mich damit auseinandersetzen konnte. Von meinen Lehrern hatte ich gelernt, wie wichtig es war, seine Schüler stets dort abzuholen, wo sie stehen. Alles, was ich vermitteln würde, hinge also davon ab, was die Menschen in diesem Augenblick bereit waren anzunehmen. Ich würde den Lehrplan stets an die Bedürfnisse meiner Schüler anpassen, denn mit jedem Lernschritt sind Entwicklungsprozesse verbunden, die wiederum den nächsten Schritt ermöglichen.

Während der ersten Tage ohne meine Geistigen Lehrer fühlte ich eine gewisse Leere um mich herum, und es war sehr ungewohnt, sie nicht mehr zu spüren, nicht mehr jederzeit mit ihnen kommunizieren zu können. Jetzt waren nur noch meine Begleiter da, doch das war nicht dasselbe. Ich spürte eine tiefe Dankbarkeit für alles, was ich lernen durfte, und erinnerte mich wieder an die Menschen in dem Seminar für Medialität, an dem ich teilgenommen hatte – an ihre Sehnsucht nach etwas, das sie im Außen suchten, aber nur in ihrem Inneren finden konnten. Dies in sich zu entdecken und zu leben, war genau das, was ich gelernt hatte: aus meiner inneren Kraft und Liebe heraus zu leben, dabei meine Begabungen zu entfalten und glücklich zu sein – egal was geschieht. Dabei wurde ich mir meiner Aufgabe noch einmal in aller Deutlichkeit bewusst, die ich durch das erweiterte Bewusstsein, mit dem ich zur Welt gekommen war, angezogen hatte. Für das, was meine Lehrer unter den Menschen verbreiten wollten, war ich eine Art Vermittlerin zwischen den verschiedenen Ebenen der geistigen und irdischen Welt. Nun war es an mir, dieses Wissen in die Welt zu tragen. Ich spürte die Bedeutung des Schatzes, den ich in mir aufgenommen hatte, und meine Dankbarkeit dafür wandelte sich in Klarheit und Liebe.

Da ich nie weltliche Lehrer hatte, sondern aus der dualitätsfreien Sicht meiner Geistigen Lehrer unterrichtet wurde, bin ich in meiner inneren Haltung spirituellen Sichtweisen und Methoden gegenüber weitestgehend frei von Traditionen, überholten Weltbildern und dem Wertesystem der spirituellen Bewegung. Aus dieser inneren Unabhängigkeit heraus betrachte ich spirituelle Sichtweisen, Methoden und Wege, die ich unter meine Lupe nehme und auch in Frage stelle, wenn ich Unstimmigkeiten wahrnehme.

So besteht eine der großen Herausforderungen meiner Aufgabe darin, dass ich die Menschen konfrontiere mit Aspekten ihrer Methoden der Persönlichkeitsentwicklung, Medialität und Heilung, die im Wertesystem vieler fest integriert und deshalb nicht leicht loszulassen sind. Es sind Aspekte, die sie meiner Ansicht nach jedoch auf ihrem Weg ins einfache Sein behindern, auf dem sich ihre Kraft und Liebe entfalten kann. Gleichzeitig lehre ich einen klaren und in jedem Augenblick des Alltags lebbaren Weg in die innere Unabhängigkeit, die entsteht, wenn man aus sich selbst, aus seiner eigenen Quelle heraus lebt. Schon sehr früh in meinem Leben wurde ich von meinen Lehrern auf die vielen verschiedenen Reaktionen der Menschen vorbereitet, die von meiner Wahrnehmung und Sicht hervorgerufen werden.

In meinem Unterricht und meiner eigenen Entwicklung lernte ich Demut mir selbst und meiner Aufgabe gegenüber. Damit ist die Bereitschaft verbunden, immer wieder über mich selbst und über das, was ich lehre, zu reflektieren sowie offen zu sein für andere Sichtweisen. Aus meiner Sicht gibt es nichts zu verteidigen oder anzugreifen, sondern nur so neutral wie möglich zu betrachten. Das Wagnis, das man dabei eingeht, ist, dass die Schlussfolgerungen, die man daraus zieht, dazu führen können, dass die eigene bisherige Sichtweise ihre Gültigkeit und ihren Sinn verlieren kann. So bin ich jederzeit bereit, meine Sichtweise loszulassen, wenn sich mir eine neue zeigt, deren Stimmigkeit ich in der Tiefe spüren kann.

Eine neue Medialität

Nachdem ich Ihnen in diesem Buch meine eigene Entwicklung beschrieben habe, ist es vielleicht leichter nachvollziehbar, wie vielschichtig und nuancenreich die feinstoffliche Ebene unseres Lebens ist und auch wie spannend es sein kann, diese für sich zu entdecken und immer tiefer in diesen Raum einzutauchen. Die Basis dafür ist, ganz klar bei sich und in seinem Körper zu bleiben, um sich nicht von den eigenen Vorstellungen, Fantasien, Sehnsüchten und Bewertungen beeinflussen zu lassen.

Seine Medialität zu entdecken und für eine klare und differenzierte Wahrnehmung zu nutzen, erfordert, sich ihr langsam und behutsam zu nähern. Meiner Ansicht nach geht es nicht darum, möglichst schnell etwas zu erleben oder zu erfahren, sondern jeden einzelnen Schritt, der zur Entfaltung der eigenen Sinne und der Begegnung mit der eigenen Essenz führt, auszukosten und zu genießen. In der innigen Verbundenheit mit sich selbst kann sich das wertfreie Erleben des Augenblicks mehr und mehr entfalten. Dieses Erleben beinhaltet, sich selbst genau dort abzuholen, wo man steht, und sich mit seiner Begabung im Hier und Jetzt anzunehmen. In dem Moment, in dem man zu viel zu schnell will, geht man aus sich selbst und seinem Körper heraus und verliert somit diesen intensiven Kontakt zur eigenen Wahrhaftigkeit. In der achtsamen Entwicklung der Feinfühligkeit liegt ein Akt der Selbstliebe, die gleichsam in der tiefen Begegnung mit sich selbst und der Wahrheit gefördert wird.

Solange man nicht im Frieden mit sich und seiner Begabung ist und etwas sein und können will, was man weder ist noch kann, ignoriert man seine Einzigartigkeit und das, was ganz natürlich aus dem Fluss des Inneren hervorkommen möchte. Je mehr man zum Beispiel seine Wahrnehmung auf das mediale Sehen fokussiert, obwohl dies nicht der augenblicklichen Entwicklung entspricht, desto mehr beraubt man sich der wunderbaren Erfahrung des intensiven Spürens der Farben, Formen und Gefühle.

Da das Spüren in allen anderen Formen der Medialität enthalten ist, man also innerlich nicht sehen und hören kann, ohne zu spüren, ist dies für mich die Königsdisziplin in der Medialität. Es ist die Basis und die Verbindung zu allen anderen inneren Sinnen. Mit ihm kann man den noch unbekannten Raum des Feinstofflichen betreten und sich herantasten an alles, was sich dort befindet.

Stellen Sie sich vor, Sie gehen in eine Wohnung, die zunächst noch dunkel ist, und Sie freuen sich darauf, alles darin entdecken und kennen lernen zu können, um sich diesen Lebensraum zu erschließen und sich immer sicherer darin zu bewegen. Da Sie nichts sehen können, greifen Sie auf Ihre anderen Sinne zurück, um all die Gegenstände zu identifizieren. Indem Sie sie ertasten, wird ein Gegenstand nach dem anderen in seiner wahrhaften Existenz sichtbar werden. Alles, was Sie sich auf diese Weise erschließen, führt also zu mehr Helligkeit in Ihrem Lebensraum.

Je genauer Sie wahrnehmen, also je weniger sich Ihre Vorstellungen und Wünsche mit dem, was wirklich ist, vermischen, desto heller wird es und desto klarer können Sie sehen. Wenn Sie sich dabei von Ihrer Fantasie leiten und beeinflussen lassen, bleiben Sie im Halbdunkeln. Es immer lichter werden zu lassen setzt die Offenheit voraus für das, was wirklich ist. Diese Offenheit ermöglicht es, zulassen zu können, dass das, was Sie spüren, vielleicht nicht die erhoffte Seide, sondern Viskose ist. Die vielen verschiedenen Beschaffenheiten eines Stoffs ganz genau zu erkennen und auch die geringsten Anteile einer Kunstfaser darin erspüren zu können, erfordert Zeit, Übung und Erfahrung. Hierbei geht es darum, die feinen Unterschiede wahrzunehmen, die in unserem Leben von großer Bedeutung sein können, wenn es sich bei unserer Wahrnehmung um Themen unseres Lebens handelt. Wer seine Medialität leben möchte, sollte sich an das Feinstoffliche langsam herantasten, es achtsam spüren, um es erst dann mehr und mehr in seiner Wahrhaftigkeit sehen zu können. Energien existieren auf vielen verschiedenen Ebenen, haben verschiedene Erscheinungsformen, Beschaffenheiten, Farben und Arten, sich zu bewegen und zu verändern. Die feinstoffliche Welt ist eine faszinierende Welt, die weit über das hinausgeht, was Menschen wollen und erwarten. Solange man an seinen Vorstellungen von Medialität festhält und sie wahr werden lassen möchte, bleiben die inneren Sinne vor der reichen Erfahrungswelt verschlossen, die sich einem auftun kann, wenn man sein Wollen loslässt und sich für den Augenblick öffnet.

So kann man schrittweise seine Medialität erforschen und durch sie das unbekannte Land, das sich im eigenen Inneren wie auch überall um einen herum befindet. Für mich ist Medialität ein Instrument, um zu sich selbst und zu seiner inneren Wahrheit zu finden, und somit Teil einer bewussten Persönlichkeitsentfaltung. Sie dient nicht nur, wie viele Menschen glauben, der Beratung und Therapie anderer Menschen, sondern vor allem der eigenen Weiterentwicklung. Jeder feinfühlige Mensch kann lernen, seine ganz eigene Art der Medialität für sich zu nutzen und aus sich und seiner Wahrhaftigkeit heraus zu leben. Die Entfaltung der Wahrnehmung für sich selbst beinhaltet die allmähliche Entwicklung der eigenen Sinne, wodurch im Inneren alles entdeckt werden kann, wonach man im Außen oft so sehnsüchtig sucht. Kein geistiges Wesen und keine universelle Energie von außen kann dieselbe Erfüllung hervorbringen wie ein Leben aus sich selbst heraus.

Der innere Kompass

Auf dieser Expedition ins Innere findet man einen Zugang zu seiner eigenen inneren Wahrheit, die in jedem

Menschen und in jedem Augenblick existiert. Sie ist wie ein innerer Kompass, der anzeigt, was wahrhaftig in uns geschieht, was uns augenblicklich guttut und welche Entscheidungen stimmig sind. Es ist unser inneres Spüren, mit dem wir diesen Kompass ertasten und unsere innere Wahrheit fühlen und erfassen. Wenn wir sie spüren, erkennen wir, was ein bestimmter Schritt für unser Leben und für unsere Entwicklung bedeutet und ob er die Verwirklichung des Selbst fördert oder ob man durch ihn in alten Mustern gefangen bleibt. Dies alles können wir sehr genau mit unseren inneren Sinnen erspüren, entsprechend handeln und somit im Einklang mit unserem Selbst und aus ihm heraus leben.

Unser innerer Kompass dient der Orientierung, denn an ihm können wir unsere Position klar erkennen, an der wir uns befinden. Wenn wir unsere innere Landkarte vor uns ausbreiten, sehen wir, wo unsere Ressourcen liegen und auf welchem Weg wir zu ihnen finden können. Erst wenn wir wissen, wo wir stehen, können wir mit Hilfe des Kompasses die Richtung anpeilen und die anstehenden Schritte gehen, die uns hineinführen in unsere Quelle und innere Kraft.

Allzu oft im Leben wehrt man sich gegen den Weg, den das Innere gehen möchte. Man will etwas nicht wahrhaben, da man sich vielleicht die Entwicklung seiner beruflichen, partnerschaftlichen oder auch familiären Situation anders vorgestellt hat und nun daran festhält. Es ist nicht leicht, seine Vorstellungen und die Sicherheit, die man sich damit aufgebaut hat, loszulassen. Wenn man aber in der Tiefe die Stimmigkeit einer neuen Entscheidung spüren kann, ist dies eine große

Unterstützung, Mut zu fassen und den Schritt zu wagen, der inneren Orientierung zu folgen. Aus dem Spüren der inneren Wahrheit geht das Vertrauen hervor, dass alles gut ist, wie es ist. Losgelöst von der Vorstellung, wie etwas sein soll, gelangt man nun in die Wahrhaftigkeit des Augenblicks und in das einfache Spüren davon, wie es wirklich ist. Darin entdeckt man die Fülle des Augenblicks, das tiefe Vertrauen in sich selbst, das daraus hervorgeht, und öffnet sich für den Weg, den man nun im Einklang mit seinem Inneren gehen kann.

Auf diesem Weg begegnen wir unseren Begabungen, die uns die Richtung in unserem Leben anzeigen können. Nicht nur die feinfühlige Begabung, sondern auch viele andere Potenziale gehen unter dem täglichen Druck der Erwartungen anderer verloren. Ein Mensch zum Beispiel, der eine sprachliche Begabung hat, aber wenig räumliches Vorstellungsvermögen, wird sehr wahrscheinlich unglücklich sein, wenn er Architekt wird, um es anderen recht zu machen. Sehr viel Leid im Leben entsteht dadurch, dass man sich seiner Gaben nicht bewusst ist, sie unterdrückt und Dinge tut, die nicht im Einklang zum eigenen Inneren stehen. Ein erfülltes Leben geht aus der Realisierung seiner inneren Möglichkeiten hervor. Dies erfordert den Mut, aus dem gesellschaftlichen und familiären Wertesystem und den Vorstellungen, die man von sich und seinem Leben hat, herauszutreten. Die Wahrhaftigkeit ist selten das, was von uns erwartet wird, und oft auch nicht das, was wir uns erhoffen oder vorstellen, sondern sie ist einzig das, was ist, und das, was daraus hervorgehen und sich natürlich entwickeln möchte. Wer seine Authentizität zulässt, öffnet sich für die tiefe und erfüllende Erfahrung, im Fluss mit seiner feinfühligen Wahrnehmung zu leben. Daraus erwachsen die Bewusstheit bezüglich der individuellen Möglichkeiten sowie die Chance, sich selbst anzunehmen und es einfach nur gut zu haben mit sich selbst – so wie man ist. Ein erfülltes Leben geht daraus hervor, sich seiner selbst in seiner Ganzheit gewahr zu sein und danach zu leben.

Da wir alle miteinander verbunden sind, befindet sich unser wahrhaftiger Weg nicht nur im Fluss mit unserem Inneren, sondern auch mit allem, was um uns herum geschieht, denn das Außen spiegelt immer das Innen. Alles, was wir im Außen wahrnehmen, jede Situation, in die wir geraten, und jeder Akt der Liebe oder der Zurückweisung, der uns widerfährt, steht im Einklang mit dem, was in uns geschieht. Das heißt, dass auch die Wahrheit des einzelnen Menschen immer in harmonischer Verbundenheit steht mit der Wahrheit der anderen. Mit Harmonie ist allerdings nicht gemeint, dass es durch eine stimmige Entscheidung keine Hindernisse, Konflikte oder Probleme mehr gibt, sondern dass sie eben stimmig ist, also auch mit den stimmigen Herausforderungen für alle verbunden ist. Stimmigkeit kann also auch beinhalten, dass sich ein Konflikt gar nicht lösen lässt und dass man lernt, im inneren Frieden zu bleiben, anstatt ihn im Außen zu suchen. Für mich liegt der Sinn unseres Lebens und unserer medialen Fähigkeiten nicht darin, ein reibungsloses und unproblematisches Leben führen zu können, sondern darin, mehr und mehr im Frieden damit zu sein, woran wir wachsen können und was unserer Entwicklung dient.

WahrFühlen – WahrSehen

Die Medialität, die ich Ihnen vorstelle, die ich lernen durfte und lebe, ist eine neue Form, die es uns ermöglicht, uns in jedem Augenblick unseres Inneren und des Außen bewusst zu sein und entsprechend zu handeln. Um diese Bewusstheit erlangen zu können, ist es notwendig, sich schrittweise der Wahrhaftigkeit des eigenen Seins zu nähern und sich für sie zu öffnen. Aus diesem Grund habe ich diese neue Form der Medialität WahrFühlen – WahrSehen genannt, denn durch sie können wir die Wahrheit fühlen und sehen. Dabei geht es also nicht darum, seiner Sehnsucht nach Zuwendung, Liebe, Hilfe und Antworten von außen zu folgen, sondern einzig darum, all dies in sich zu finden.

Durch WahrFühlen – WahrSehen gelangen wir in unsere Eigenständigkeit, aus der heraus wir unsere Entscheidungen treffen können und unabhängig von medialen Lebensberatern oder geistigen Wesen sind. Wir nehmen unsere eigene Verantwortung und unsere Macht an, um in jeder Situation unseres Lebens aus uns selbst heraus zu entscheiden, was stimmig für uns ist und was nicht. Die eigene Macht anzunehmen bedeutet, seine Kraft zu entdecken und mehr und mehr aus ihr heraus zu leben. Jeder Mensch hat seinen individuellen Weg dorthin, den er durch WahrFühlen – WahrSehen auf seiner inneren Landkarte erkennen kann, auf der er sich mit seinem inneren Kompass orientiert.

In diesem Lernprozess ist es zunächst wichtig und schön, sich Zeit und Muße zu nehmen, um sich auf die intensive Art des Spürens und Wahrnehmens einzulassen und dies wirken zu lassen. Auf lange Sicht birgt WahrFühlen – WahrSehen das Potenzial, in jeder Situation des Alltags angewendet zu werden, ohne sich in eine bestimmte Energie zu bringen oder sich lange in etwas hineinspüren zu müssen. Es ist reine Übungssache, den inneren Kompass immer unmittelbarer und genauer lesen zu können, denn das Nutzen der inneren Sinne kann ebenso geübt werden wie das Spielen eines Musikinstruments oder das Trainieren einer Sportart. Schritt für Schritt verinnerlicht man seine Feinfühligkeit als natürlichen Vorgang, gelangt in den Fluss der eigenen Wahrheit und lebt seine Medialität und somit sich selbst.

WahrFühlen – WahrSehen basiert auf einer neutralen und wertfreien Sicht, aus der heraus die Wahrhaftigkeit des Augenblicks spürbar und in ihrer Klarheit erkennbar wird. Ein gewisses Maß an Dualität wird uns allerdings erhalten bleiben, solange wir einen Körper haben und uns hier auf der Erde zurechtfinden müssen. Wenn ich also von Dualitätsfreiheit und Neutralität spreche, schließe ich dieses Maß immer mit ein, denn Dualität liegt jeder Einschätzung einer Situation und somit jeder Entscheidung, die wir treffen, zugrunde. Sie ermöglicht einen überlebenswichtigen Mechanismus in uns, denn würden wir Dinge nicht einschätzen, könnten wir keine Entscheidung darüber treffen, was gut für uns ist und was nicht, oder aber auch, was gefährlich ist und was nicht. Auf der Grundlage unserer Einschätzung treffen wir jeden Tag Hunderte von großen und kleinen Entscheidungen, dic unserer Handlung eine Richtung geben. Indem wir entscheiden, bewerten wir die vielen verschiedenen Möglichkeiten, unter denen wir auswählen, und befinden diejenige, die wir wählen, als die beste von allen. Wir brauchen also ein gesundes Maß an Dualität für unser Überleben und auch für unsere Weiterentwicklung.

Die Basis unserer Einschätzung ist unsere Wahrnehmung. Je neutraler und somit dualitätsfreier man sich selbst, andere oder eine Situation anschauen kann, desto klarer werden die eigene Einschätzung, die Schlüsse, die man daraus zieht, und die darauffolgenden Handlungen. Meist wird eine wertfreie Sicht verhindert, da verschiedene Filter vor die inneren Sinne gelegt sind, die dazu führen, dass man vieles nicht wahrnehmen kann. Diese Filter sind beispielsweise die Vorstellungen, Lebenskonzepte und das Wertesystem eines Menschen, die sein Weltbild ausmachen. Alles, was dazu führen könnte, dieses ernsthaft in Frage zu stellen, wird unbewusst ausgeblendet, um an dem festhalten zu können, was man für richtig hält und was nicht. Das eigene Weltbild ist wie der Rahmen für das eigene Leben, innerhalb dessen man sich sicher fühlt und Orientierung in der Fülle der Möglichkeiten findet. In diesem Rahmen zu bleiben, bringt also die Sicherheit über die Existenz und das Überleben mit sich, denn in ihm findet sich die Gewissheit darüber, wer man ist, wer die Gleichgesinnten sind, wo man steht, wohin man möchte und wie man dort hinkommt. Aus dem menschlichen Impuls heraus, sich vor allem zu schützen, was die eigene Existenz gefährden könnte, wird vieles, was nicht in den Rahmen passt, entweder verändert, aus der Wahrnehmung ausgefiltert oder auf eine bestimmte Weise bewertet, so dass es die eigene Sicherheit nicht gefährden kann. Diese Filterung geschieht also aus einem tiefen Instinkt heraus, der unser Überleben sichern soll. Die Filter der Wahrnehmung wirken wie ein Schutz, den man aufbaut, um sich in seinen gewohnten Bahnen nicht irritieren zu lassen und den äußeren Halt nicht zu verlieren.

Ein ebenso großer Schutzmechanismus, an dem man festhält, sind die starken Identifikationen, durch die man seinem Weltbild anhaftet; an seiner selbst erschaffenen Rolle, die man im Leben einnimmt sowie an seinen Gefühlen. In der zu starken Identifikation kann es sein, dass man sich auf eine bestimmte Sichtweise oder auch Gefühlshaltung fixiert. Man schützt sich davor, etwas auch einmal anders zu sehen, zu fühlen, oder etwas erkennen zu können. Auf diese Weise verhindert man jedoch, einfach nur das zu sehen, was ist.

WahrFühlen – WahrSehen zu lernen, beinhaltet, sich seiner Filter und Ängste bewusst zu werden. Dazu sind besonderes Feingefühl, Verständnis, Geduld und Zeit für sich selbst erforderlich. In diesem Prozess begegnet man auch den Sehnsüchten und den Verletzungen, die mit der eigenen Medialität in Verbindung stehen und die man lange Zeit verdrängt hat. Für diese Begegnung bedarf es einer Methode der Persönlichkeitsentwicklung, durch die man innere Prozesse bewusst durchlaufen kann und durch die man Schritt für Schritt in seine eigene Kraft kommt.

Eine solche Methode ist ReSource, denn sie ermöglicht es, den Halt und die Sicherheit in sich selbst zu finden, um sich für die eigene Wahrheit öffnen zu können und sich seines Inneren bewusst zu werden. ReSource kann den Weg nach Hause zeigen, zu einem Ort, an dem man immer Liebe und Geborgenheit finden kann – im eigenen Inneren. Von dort aus kann man alles, was einem begegnet, zulassen und annehmen. Auf diesem Weg finden Transformations- und Klärungsprozesse auf allen Ebenen statt, und je tiefer wir uns und unseren Körper geklärt haben, desto durchlässiger wird er für das, was wahrhaftig ist. Unsere inneren Sinne können umso besser wahrnehmen, umso weniger Hindernisse ihnen die Sicht versperren.

Gerade im Hinblick darauf, dass niemand von uns die Wahrheit vollkommen neutral und dualitätsfrei erfassen kann, liegt die Balance immer im gesunden Zusammenspiel von Verstand und Medialität. Unsere Medialität ist nur ein Teil unseres Wahrnehmungssystems, dem wir nie alle Macht geben sollten. Mediales Spüren und Sehen allein können nicht immer für die notwendige Klarheit im Leben sorgen, weshalb wir uns gleichzeitig immer auf unseren gesunden Menschenverstand besinnen können. Mit unserem Verstand können wir mitdenken, Dinge einschätzen, abwägen und zusätzlich unsere inneren Sinne nutzen, um unseren inneren Kompass zu lesen.

Der Verstand bringt das tief sitzende menschliche Streben nach dem Verstehen-Wollen mit sich, das in spirituellen Bereichen des Lebens dafür sorgt, dass der Mensch nicht nur Zusammenhänge seines Erdendaseins erfassen möchte, sondern auch versucht, die Geistige Welt mit einzubeziehen. Man will wissen, warum wir Menschen hier sind und ob es einen Plan dahinter gibt. Dieses Streben geht so weit, dass man auch versucht herauszufinden, wie die Geistige Welt aufgebaut ist, wer dort wofür zuständig ist und welche Aufgaben bestimmte Wesen im Hinblick auf die Entwicklung der Menschen und der Erde haben.

Dieser menschliche Wunsch wird derzeit von geistigen Wesen erfüllt, indem sie Informationen über ihre eigenen Zuständigkeitsbereiche innerhalb der Geistigen Welt vermitteln. So gibt es Wesen, die die Botschaft verbreiten, dass von der Geistigen Welt aus die Energie der Erde und der Menschen erhöht würde, und sie geben Anleitung, wie die Menschen diese Energie für ihre Entwicklung nutzen könnten.

Diese Wesen erfreuen sich großer Beliebtheit, denn sie erfüllen den sehnlichen Wunsch, einen Einblick in die Geistige Welt zu bekommen wie auch zu erfahren, was vermeintlich von dort aus für uns getan wird. Dahinter steht die Sehnsucht, dass von dort aus etwas für uns verändert wird. Auf diese Weise können sich die Wesen der Aufmerksamkeit sowie der Energie sehr vieler Menschen sicher sein, denn mit ihren Informationen entsprechen sie dem Zeitgeist wie auch der Hoffnung der Menschen auf baldige Transformation. Aus meiner Sicht können Informationen dieser Art nicht aus einer hohen Energie stammen, denn sie dienen der Befriedigung des Wissensdurstes des Verstandes und zudem dem Wunsch danach, dass höhere Wesen uns die notwendigen Voraussetzungen für unsere Entwicklung schaffen.

Es gibt so vieles zwischen Himmel und Erde, das wir noch gar nicht erfassen können und in dessen Erkenntnis wir hineinwachsen müssen, um es zu verstehen. Meine eigene Erfahrung zeigte mir: Je mehr ich begreife, desto offensichtlicher wird der immense Raum dessen, was ich nicht begreife. Ich würde mir nicht anmaßen, verstanden zu haben, worum es hier auf der Erde wirklich geht, und noch weniger, wie dies im Zusammenhang mit der Geistigen Welt steht und was dort geschieht. Wäre es nicht sinnvoller, sich erst einmal auf sich zu besinnen und sich selbst als Wunderwerk zu begreifen, dessen Möglichkeiten noch nicht annähernd ausgeschöpft sind, bevor man versucht zu begreifen, was in anderen Dimensionen geschieht?

Das Bewusstsein der Menschen ist noch so sehr geprägt und beeinflusst von all den Filtern und Identifikationen, dass es kaum im Stande ist, die eigene Wahrheit zu sehen und zu begreifen. Wie sollte es also höhere Wahrheiten vollständig erfassen können? Der Verstand kann immer nur Informationen verarbeiten, die seinem augenblicklichen Entwicklungsstand entsprechen. Er versucht zu kategorisieren, indem er sich Bilder macht, die seinen bisherigen Erfahrungen und Vorstellungen entsprechen. Wenn ich Ihnen zum Beispiel ein Tier beschreiben würde, das Sie noch nie gesehen haben, dann würde ich sagen, dass es so ähnlich aussähe wie dieses oder jenes Tier, das Sie bereits kennen. Sie würden sich dann ein Bild machen, das dem nahekommt, was ich versucht habe zu beschreiben. Es wird aber nie das sein, was es wirklich ist. Nehmen wir einmal an, Sie hätten noch nie irgendein Tier gesehen, dann würden

Ihrem Verstand die Erfahrungs- und Vergleichswerte fehlen, und Sie könnten es sich nicht einmal vorstellen. Ich halte es für sehr wahrscheinlich, dass in der Geistigen Welt Gesetzmäßigkeiten herrschen, die uns vollkommen fremd sind, für die unsere augenblickliche Vorstellungskraft nicht ausreichend ist und für die wir weder Worte noch Namen finden können. Warum sollten also Geistige Lehrer Menschen etwas erklären, das wir mit unserem Verstand nicht greifen können? Wenn man bereit ist, sich von seinen erlernten Vorstellungen zu lösen, beginnt man sich zu öffnen für neue Erfahrungen und Erkenntnisse. Mit ihnen erweitert sich Schritt für Schritt unser Horizont, um vielleicht irgendwann einmal Daseinsformen und Gesetzmäßigkeiten anderer Dimensionen wirklich erfassen zu können. Ist es nicht auch ein schöner Gedanke zu wissen, dass das, was wir noch nicht kennen, noch viel mehr sein kann, als wir es uns vorstellen können?

Leuchten

Nach meinem Psychologiestudium entschloss ich mich, auch in Deutschland Seminare und Meditationsabende zu geben. Seitdem ich mich dafür geöffnet hatte, mit meiner Arbeit an die Öffentlichkeit zu gehen, bemerkte ich immer wieder, dass die Menschen um mich herum intensiver als zuvor meine Nähe suchten. Wildfremde Menschen, die mir auf der Straße begegneten, blieben stehen, unterhielten sich über mich oder sprachen mich an. Manche fragten, was es mit diesem goldenen Leuchten um mich herum auf sich hätte, woher es käme und was es zu bedeuten hätte. Daraus entstanden nicht selten interessante Gespräche mit Menschen, die sich zuvor noch nie mit spirituellen Themen beschäftigt hatten. Manches Mal spürte ich aber auch, wie es mir unangenehm wurde, und zwar immer genau in dem Moment, in dem man anfing, an mir und meiner Energie zu ziehen, um mehr davon für sich haben zu können. Dies war es, was ich dann in geballter Form an einem meiner Meditationsabende wahrnahm. Viele der Anwesenden bewunderten mich – oder vielmehr das, was sie in mir sehen wollten – und himmelten mich sogar an.

Dafür gingen die Besucher weit aus sich heraus, blieben also nicht bei sich, sondern waren voll und ganz bei mir. Es war meine Energie, auf die sie fokussiert waren, und nicht ihre eigene. Ich spürte deutlich, dass sie in einem Zustand des Haben-Wollens waren und deshalb nicht offen dafür sein konnten, ihre eigenen inneren Möglichkeiten kennen zu lernen. Das widersprach allem, was ich gelernt hatte, und allem, was ich ihnen beibringen wollte, weshalb ich beschloss, gleich wieder von dem Podest hinunterzusteigen, auf das sie mich gesetzt hatten.

Ich erklärte den Anwesenden, dass ich auch nur ein Mensch sei und dass mein Magen ebenso knurren würde wie ihrer, wenn ich Hunger hätte. Ich erzählte aus meinem Leben und dass es mich genauso wenig verschonte wie sie, dass auch ich mich Schwierigkeiten gegenübersah und Herausforderungen, denen ich mich stellen musste. Auf diese Weise versuchte ich ihnen zu helfen, von den idealisierenden Vorstellungen, die sie sich von mir machten, loszulassen. Ich sagte, dass es nicht darum ginge, etwas von mir zu bekommen, sondern dass ich ihnen nur als Inspiration dienen könne, wie sie ihr eigenes Licht und ihre eigene Kraft in sich entdecken könnten. »Jeder hat seinen Weg dorthin, und alles, was ich dazu beitragen möchte, ist, euch dabei zu begleiten«, erklärte ich ihnen.

Ich spürte die Enttäuschung der Menschen darüber, dass ich weder mit Superkräften alle heilen würde noch etwas Besonderes sein wollte. Einige kamen nach diesem Abend nicht mehr, obwohl ich auf die gleiche Weise mit den Menschen arbeitete wie bisher. Oder aber sie nickten zwar, begannen aber unbewusst zu zweifeln, ob ich ihnen noch helfen könne, da ich ihre Sehnsüchte nicht erfüllen wollte. Es fühlte sich gut und stimmig für mich an, doch spürte ich, dass in diesem Zusammenhang noch etwas anstand, was ich mir zum passenden Zeitpunkt anschauen würde.

Was ich in dem Seminar für Medialität als Teilnehmerin erkannt hatte, erlebte ich nun also auch selbst als Therapeutin und Lehrerin. Viele Menschen suchen nach Heilung und Erfüllung außerhalb von sich selbst, zum Beispiel in der Energie eines spirituellen Lehrers. Auch wenn der Begriff Guru und das, was man mit ihm verbindet, aus der Mode gekommen ist, glaube ich, dass man unbewusst immer noch genau das sucht, was man sich unter einem Guru vorstellt und was man von ihm erwartet. Er soll frei sein von Problemen, vom Ego, von Dualität und von Fehlern. Aus dieser Unfehlbarkeit heraus soll er Fragen beantworten, Energie spenden, Karma auflösen, heilen und Blockaden transformieren können. Ein Guru müsste dafür übermenschliche Kräfte besitzen und dürfte eigentlich gar kein Mensch sein. Es fällt schwer, ihn unter neutralen Gesichtspunkten zu betrachten, denn dann müsste man sich eingestehen, dass er nicht die ersehnte Erlösung und Hilfe in allen Lebens- und Gefühlslagen bringen kann.

Auch ich sollte nun all das sein und können, was die Menschen selbst nicht waren, aber gerne wären. In dem Moment, in dem ich ihnen ihre Vorstellung von mir genommen hatte, mussten sie ihrerseits ihre Rolle der

Hilfebedürftigen aufgeben, denn ich wies sie darauf hin, dass sie selbst alles haben, was sie brauchen, und meine Energie deshalb nicht benötigen. Damit konnten die allerwenigsten umgehen, denn es warf sie zurück auf sich selbst, und sie hatten bisher noch nicht gelernt, wie sie sich selbst helfen konnten.

Viele wollten in mir ein Ideal sehen, in dem sich ihr eigenes Ziel widerspiegelte. Es herrschten nicht nur Vorstellungen davon, wie jemand sein soll, der Menschen auf tiefen Ebenen helfen kann, sondern auch davon, wie ein Leben sein soll, das man aus der eigenen Kraft und Liebe heraus führt. Im Allgemeinen geht man davon aus, dass in der Kraft zu sein bedeutet, makellos und fehlerfrei zu sein; dass damit die höchsten Glücksgefühle verbunden sind und dass das Leben sich nur noch von seiner Schokoladenseite zeigt. Auch diese Vorstellung habe ich ihnen genommen, indem ich sagte, dass auch ich Thematiken habe, mit denen ich mich auseinandersetze und mich durch sie weiterentwickle. Für mich ist Glücklichsein nicht das Ausbleiben von Problemen, sondern dass ich die Themen, die mir begegnen, nicht als Probleme ansehe.

Ich befand mich in einem tiefen Prozess, in dem es darum ging, auf welche Weise ich das vermitteln konnte, was ich vermitteln wollte. Es war schon ein bisschen merkwürdig, dass ich mein Leben lang gelernt hatte, ganz unabhängig von fremden Energien in meine Kraft zu finden – auch um dies an andere Menschen weiterzugeben –, und ich nun damit konfrontiert wurde, dass die Menschen gerade im Zusammensein mit mir das Gegenteil wollten, nämlich meine Kraft und meine Liebe. Ein riesiger Schritt bahnte sich für mich an, der folgenreich sein sollte.

Es gab in diesem Moment nur eine Möglichkeit – ich beschloss, meine Energien nach innen zu kehren. Die Anziehung, die von meinem Leuchten ausging, würde nachlassen, wenn ich es nach außen nicht mehr zeigte. So bewirkt es nicht mehr, dass Menschen den Fokus ihrer Aufmerksamkeit so stark auf mich richten. Sie können besser bei sich bleiben, denn dann ist die Versuchung, in mir ihr Glück zu finden, weniger groß.

Dieser Vorgang der Einkehr meiner Energie war mit einem enormen Aufwand verbunden und ihn aufrechtzuerhalten ebenso. Meine Entscheidung, für die Menschen da zu sein, brachte es also mit sich, dass ich den Fokus meiner Aufmerksamkeit und somit meiner Energie ganz anders ausrichten musste. Da ich von nun an einen Teil davon dafür aufbrachte, mein Leuchten in meinem Inneren zu halten, gab es andere energetische Vorgänge, die ich nicht mehr leben und für mein Leben nutzen konnte.

Der Schritt in die Öffentlichkeit hinein war also gleichzeitig damit verbunden, den Nutzen bestimmter Quellen meiner Erkenntnisse aufzugeben wie auch einige tiefe Stadien meines Seins hintanzustellen, um meine Aufgabe erfüllen zu können, Menschen auf ihrem Weg zu begleiten und zu unterstützen. Als ich mir dessen bewusst wurde, spürte ich eine tiefe Liebe, aus der heraus ich diesen Prozess geschehen lassen konnte. Sie fühlte sich an wie die Liebe einer Mutter, die bereit ist, da zu sein, und die sich dafür von Teilen und Möglichkeiten ihres bisherigen Lebens bewusst verabschiedet.

Erleuchtung

Bisher war es mir nie wichtig gewesen, dem, was ich bin und tue, einen Namen zu geben. Definitionen und Begriffe haben erst angefangen, eine Rolle zu spielen, als ich anfing, mich mit anderen Menschen über spirituelle Themen auszutauschen. Solange man einfach nur für sich ist, was man ist, haben Definitionen keine Bedeutung für das eigene Leben. Da ich aber an die Öffentlichkeit ging, lernte ich nach und nach allerlei spirituelle Begriffe kennen, die ich dann mit meinem eigenen Erleben und dem, was ich vermitteln wollte, in Verbindung setzen konnte.

Ein solcher Begriff war das Wort Erleuchtung, das ich zwar schon gehört, mit dem ich mich aber noch nie auseinandergesetzt hatte, weil es in meinem Leben nicht wichtig zu sein schien. Ich verband damit etwas Mystisches und assoziierte Bilder von buddhistischen Mönchen, die ich im Fernsehen gesehen hatte. Aber was sollte das mit mir zu tun haben? Ich hatte weder eine Glatze noch eine orangefarbene Kutte, noch sagte ich Mantren auf oder meditierte den ganzen Tag, um Erleuchtung zu erlangen.

An einem meiner Meditationsabende begegnete mir der Begriff dann auf eine Art, die mich sehr neugierig machte. Den Anstoß dazu gab mir eine Gruppe von Leuten, die gerade dabei waren, sich über mich zu unterhalten. Als ich näher kam, dachte ich, sie hätten das Thema gewechselt, denn nun ging es um Erleuchtung. Aber nachdem ich einige Zeit gespannt zugehört hatte, erkannte ich, dass es für sie ein und dasselbe Thema war – die Erleuchtung und ich! Da ich nun doch gerne mehr darüber wissen wollte, fragte ich in die Runde, wovon sie genau sprachen und was sie mit Erleuchtung eigentlich meinten. Ich sah in verblüffte und irritierte Gesichter, denn sie fanden meine Frage sehr sonderbar und glaubten, ich wolle sie auf den Arm nehmen. Ich wusste zwar, wer und was ich bin, aber eben nicht, dass man das erleuchtet nennt. Nachdem ich sie überzeugen konnte, dass ich es mit meiner Frage ernst meinte, gaben sie mir einen Einblick in ihre Sicht des Themas.

Was ich nun hörte, befriedigte mich nicht wirklich, und ich begann, mich damit zu beschäftigen und meiner Erleuchtung im Inneren nachzuspüren. Und tatsächlich passte dieses Wort zu etwas, was ich in mir schon immer wahrgenommen hatte, nämlich dass meine Zellen heller und leuchtender waren als die Zellen der Menschen, die ich um mich herum sah. Daran hatte ich zuerst gar nicht gedacht, denn es war seit meiner Geburt einfach da. Die Art, wie die Menschen darüber sprachen, ließ mich erkennen, dass sie Erleuchtung als etwas Erstrebenswertes und Bewundernswertes ansahen. Ich dachte weiter darüber nach, was es mit dem Leuchten auf sich hat und wodurch es zustande kommt. Auch wenn ich mit leuchtenden Zellen zur Welt gekommen war, ist Erleuchtung kein gleichbleibender Zustand. Ich erinnerte mich an schöne Momente des tiefen Loslassens, in denen immer wieder ein weiterer Wandel in meinen Zellen stattgefunden hatte, der bewirkte, dass sich das Leuchten immer tiefer in meinen Zellen manifestierte.

Von nun an nutzte ich jede Gelegenheit, um mich über dieses Thema unterhalten zu können. Ich wollte mehr davon wissen, wie Menschen darüber dachten und welche Vorstellungen sie davon hatten. Dabei bemerkte ich, dass viele Menschen, ohne selbst erleuchtet zu sein, eine feste Meinung davon hatten, wie es ist und was es mit sich bringt, erleuchtet zu sein. Ich spürte, dass vieles, was mir erzählt wurde, aus alten Traditionen, Dogmen und allgemeinen Glaubenssätzen übernommen worden war. Was ich erfuhr, war also weniger, was die Menschen selbst erfahren, sondern was sie gelesen hatten und glauben wollten. Dabei bemerkte ich, dass sich niemand zutraute, sich eine eigene Meinung zu bilden, sondern dass viele ihre Macht und Urteilskraft an Systeme abgaben, deren Autorität in der spirituellen Öffentlichkeit anerkannt war.

Neben dem Buddhismus ist die Advaita Vedanta, die Hindu-Philosophie der Nondualität, die populärste Lehre, der Menschen folgen, die Erleuchtung suchen. Aus diesen beiden kulturell weit von uns entfernten Lehren gehen die meisten Ansichten und Vorstellungen darüber hervor, wie man Erleuchtung erfahren kann und was sie mit sich bringt. Während der Buddhismus im Allgemeinen einen langen Weg der Übung und Praxis zur Erleuchtung beinhaltet, gehen die westlichen Advaita-Vertreter davon aus, dass Glück, Frieden und auch Erleuchtung in jedem Moment bereits im Menschen präsent sind. Sie sagen, es gäbe nichts zu erreichen, sondern nur sich selbst und seinen natürlichen Zustand der Nondualität zu erkennen, da der Mensch schon erleuchtet sei.

Der Mensch ist also von Natur aus erleuchtet? Wie ist es dann zu verstehen, dass so viele Menschen einen Weg zur Erleuchtung suchen, obwohl sie es doch bereits sind? Aus meiner Sicht ist es die Seele, die Quelle, die Essenz des Menschen, die leuchtend ist. Sie befindet sich immer im Fluss mit dem, was ist und geschieht – mit der eigenen inneren Wahrheit, die nur im Hier und Jetzt zu finden ist. Die innere Quelle existiert also losgelöst von allem, was den Menschen davon abhält, im Augenblick zu sein und alles bedingungslos anzunehmen, was ihm dort begegnet. Der Mensch hat aber auch einen Körper, in dem er diesen Zustand meist nicht lebt. So lebt er nicht aus seiner Seele heraus, sondern ist in seinem Dasein von bewussten und unbewussten Mechanismen stark beeinflusst. Je stärker diese Mechanismen sind, umso mehr verhindern sie, den Augenblick wertfrei anzunehmen, und somit, dass die innere Wahrheit und das Leuchten der Seele Raum im Körper einnehmen können. In dem Moment, in dem die Wahrheit des Augenblicks zugelassen werden kann, durchdringt ihr Leuchten die Zellen. Erleuchtung ist also ein innerlicher Vorgang, der automatisch geschieht und sich natürlich aus einem Zustand des Seins ergibt. Dieser beinhaltet das Loslassen von Vorstellungen und das bedingungslose Annehmen des Augenblicks. Wenn es also etwas zu erreichen gäbe, dann wäre es tatsächlich nicht die Erleuchtung selbst. Es wäre dieser Zustand, in dem die innere Wahrheit beziehungsweise die Seele erst die Möglichkeit bekommt, ihr Leuchten im Inneren des Körpers auszubreiten.

In weiten Teilen der spirituellen Szene herrscht der Glaube vor, dass man dafür nichts tun müsse und man daher auch keine Methoden brauche, um Erleuchtung zu erfahren. Dieser Glaube hat seinen Ursprung in der bereits erwähnten Annahme, dass wir alle schon erleuchtet sind, und scheint aus ihr heraus klar und logisch. Aber wer sich selbst und sein Leben einmal realistisch betrachtet, wird feststellen, dass er nicht mehr oder weniger erleuchtet ist als der nicht spirituelle Mann oder die Frau von nebenan. Müsste einen diese Erkenntnis nicht verwirren? In Anwesenheit eines erleuchteten Lehrers mag es beruhigend und einleuchtend sein, dass es nichts zu erreichen gibt. Aber spätestens am nächsten Tag, wenn die Realität einen wieder einholt und man wieder seinen Mustern und Gefühlen verfällt, müsste man doch merken, dass daran etwas nicht stimmen kann. Man bekommt gesagt, man sei erleuchtet, stellt aber fest, dass man weder einen inneren Frieden spürt noch sich erleucht fühlt. Da man es aber sein will, gibt es doch auch etwas zu erreichen. Was diese Situation so paradox macht, könnte seinen Ursprung in der Auslegung und Interpretation einer Weisheit haben, die vielleicht ursprünglich ganz anders gemeint war und sich nun in einem Gewand zeigt, das dem Zeitgeist entsprechen möchte. Meine Meinung ist: Ja, die Seele ist erleuchtet, aber viele leben diesen Zustand nicht. Das ist die Realität, die auch mit weisen Lehren und Sprüchen nicht wegzureden ist. Darüber hinaus ist man weit entfernt davon, seinen Zustand des Nicht-Erleuchtet-Seins anzunehmen, wenn man davon ausgeht, dass man immer im Zustand der Erleuchtung ist. Solange die innere Wahrheit nicht angenommen wird, kann die Essenz des einfachen Seins nicht gelebt werden, in der alles sein darf, wie es ist.

Die Ansicht, dass es nichts zu tun gäbe, weil man schon erleuchtet sei, hat aber auch etwas für sich, denn sie nimmt den Druck aus dem eigenen Wollen und Tun heraus. Sie hilft, sich aus seiner Gewohnheit zu lösen, immer etwas machen und leisten zu müssen, um etwas zu erreichen. Solange man etwas will, steht das Ziel im Vordergrund und nicht das Hier und Jetzt des eigenen Seins. Wenn man einen Zustand vor Augen hat, den man erreichen will, befindet man sich in der Bewertung und somit in der Dualität. Der eigene augenblickliche Zustand wird schlechter bewertet als derjenige, den man erreichen will. Es ist also unmöglich, in dieser inneren Haltung den Moment bedingungslos anzunehmen und alle Vorstellungen davon, wie etwas sein oder werden soll, loszulassen. Insofern ist es wichtig, sich vom eigenen Wollen und Streben zu lösen. Die Frage ist nur, wie dies gehen soll, wenn man sein ganzes bisheriges Leben darauf aufgebaut hat?

Da Erleuchtung aus einem Seinszustand heraus geschieht, gibt es keine spezielle Technik, durch die man sie gezielt hervorrufen könnte. Was es aber gibt, sind Methoden, die es ermöglichen, in die bedingungslose

Hingabe und Annahme zu gelangen, um vom Machen und Tun hinein in das einfache Sein zu gelangen. Da jeder Mensch seine ganz eigene Geschichte und seine eigenen Erfahrungen hat, hat er auch seinen individuellen Weg ins Annehmen und Loslassen. Es ist ein Prozess, aus dem heraus dieser Bewusstseinszustand entsteht. In dessen Verlauf geschehen viele einzelne Schritte auf körperlicher, psychischer, emotionaler, kognitiver und energetischer Ebene, die dazu führen, dass man sich selbst sein lassen und alles in seinem Inneren zulassen kann. Eine effektive Methode sollte es also ermöglichen, bewusst mit sich selbst auf all diesen Ebenen umgehen zu können.

Die meisten Meditationen sind darauf ausgelegt, in einen Zustand der Stille hineinzukommen. Das ist eine angenehme Sache, aber was dann? Wenn es so einfach wäre, von der Stille ins einfache Sein zu kommen, dann müssten schon Hunderttausende von Menschen erleuchtet sein. Jeder Mensch hat Blockaden, die ihn davon abhalten loszulassen. Eine Meditation sollte meiner Ansicht nach den Menschen auch dazu befähigen, diese aus sich heraus zu heilen. Sie sollte es dem Einzelnen ermöglichen, bewusst und klar sein Inneres wahrzunehmen und gezielt mit dem umgehen zu können, was ihm dort begegnet. Sie sollte in die Selbstkompetenz und die Meisterschaft über sich selbst führen.

Eine Möglichkeit dazu habe ich in ReSource gefunden. Diese Meditationsform kann nicht nur in die tiefe innere Ruhe führen, sondern auch in den Bewusstseinszustand des Annehmens und Loslassens – und somit in das dualitätsfreiere Sein. Darin kann die innere Wahrheit bewusst wahr- und angenommen werden, wodurch sich Resonanzen verändern und man sich von innen heraus befreit. Wer sich selbst auf allen Ebenen wahrnehmen kann, erfährt, wie sein Inneres funktioniert, kann es nutzen und aus ihm heraus leben. Ist es nicht das, worum es im Leben geht? Geht es nicht um Selbstverwirklichung auf allen Ebenen? In den Prozessen der Selbstverwirklichung spielt Erleuchtung keine Rolle, sondern ist nur ein Effekt von vielen, die sich ganz natürlich aus der bedingungslosen Hingabe und Annahme der Wahrhaftigkeit des Augenblicks ergeben.

Es existieren so viele Vorstellungen davon, wie es sich anfühlt, erleuchtet zu sein, oder wie ein Erleuchteter sein soll, durch die man sich entfernt von dem, was ist. Besonders deutlich wurde mir dies am Beispiel einer Frau, die einen Meditationsabend von mir besucht hatte. Als ich sie einige Wochen später traf, bedankte sie sich für die Erfahrungen, die sie dadurch machen konnte. Dieser Abend sei sehr berührend gewesen, sagte sie, sie könne sich selbst seitdem richtig gut spüren und sehr gut bei sich bleiben. Als ich mich dann meinerseits für ihre Rückmeldung bedankte und ihr sagte, dass es mich freue, sah sie mich leicht pikiert an, so, als hätte ich etwas Falsches gesagt. Sie gab mir zu verstehen, wie sehr sie sich darüber wundere, dass sich eine Erleuchtete freuen würde. Das würde nicht zusammenpassen, meinte sie, denn Freude sei ein Zeichen für Dualität, und Erleuchtete seien frei davon.

In ihrer Vorstellung sind also alle Erleuchteten freudlos und gefühllos, weil Gefühle immer einen Gegenpol haben? Für mich ist das absolut abwegig. Und wäre es nicht auch noch langweilig dazu, keine Freude mehr empfinden zu können, nur weil man dualitätsfreier lebt? Die Aussagen dieser Dame verdeutlichten mir noch einmal, wie stark die Vorstellungen der Menschen von Erleuchtung abweichen können von dem, was ist. Viele Menschen stellen sich auch vor, dass man zu einem Heiligen wird, der immer zufrieden und superglücklich mit sich und der Welt ist. Darin ist nur ein sehr kleiner Teil der Wahrheit enthalten, denn zunächst einmal geht das Leben einfach nur weiter. Man ist auch weiterhin ein Mensch, der isst, trinkt, schläft, lacht, weint, arbeitet, ins Kino geht und Freunde trifft. Das heißt auch, es gibt immer noch dieselben Herausforderungen und auch Ärgernisse. Wieso sollte das Leben einen plötzlich verschonen von all den Geschehnissen, an denen wir wachsen können? Unsere Resonanzen lösen sich nicht alle mit einem Mal durch unsere Erleuchtung auf. Man ist also nicht urplötzlich all seine Probleme los, doch ist man der Wahrhaftigkeit und Glückseligkeit näher gekommen. Alle Gefühle dürfen glücklicherweise bleiben und mit ihrer Würze das Leben süßen oder schärfen.

Da viele Menschen aber davon ausgehen, mit einer Erleuchtung von all ihren Problemen erlöst zu sein, glauben sie, Erleuchtung sei das ultimative Ziel des Lebens. Ich habe in meinen vielen Gesprächen immer wieder festgestellt, wie schwierig es für viele Menschen ist, ihr Bild des Erleuchteten loszulassen, der einfach immer wissend und zufrieden lächelt und kluge Sprüche von sich gibt. Aber wie oft hat man einen Erleuchteten schon außerhalb seines Lehrstuhls im Alltag gesehen, wie er vielleicht über den Verkehr schimpft, sich über etwas aufregt oder mit einem Problem zu kämpfen hat? Warum sollte er auch nicht schimpfen dürfen und wütend sein?

Die dahinter liegenden Emotionen werden besonders im Wertesystem vieler spiritueller Menschen als etwas nicht Wünschenswertes, nicht Akzeptables angesehen und erscheinen für einen Erleuchteten, von dem man glauben möchte, dass er perfekt ist, nicht passend. Die Gefühle, die man von ihm erwartet, sind vor allem Verständnis und Liebe. Solange man in seinem Wertesystem jedoch verhaftet ist, kann man vom idealisierten Bild eines Erleuchteten nicht loslassen. Die Idealisierung der Erleuchtung führt letztendlich dazu, dass man sie als etwas ansieht, das für einen selbst unerreichbar ist. Deshalb sollte man dieses Thema meiner Ansicht nach von aller Mystik befreien, denn Erleuchtung ist für jedermann auf seinem Weg der Selbstverwirklichung erreichbar.

Sie bringt allerdings keine besonderen Fähigkeiten mit sich, das heißt, man verfügt nicht plötzlich über Begabungen, die man vorher nicht hatte. Ein Erleuchteter muss kein guter Musiker, Therapeut oder medialer Lebensberater sein. Er verfügt wie jeder andere Mensch über innere Sinne, kann aber nicht durch seine Erfahrung der Erleuchtung plötzlich medial klar sehen. So wie man das Klavierspielen lernen und üben muss, um ein Konzert geben zu können, so muss man auch die vielen Ebenen der verschiedenen Energien kennen lernen; man muss üben, sie zu erkennen, sie klar sehen zu können, und auch seine Wahrnehmung immer wieder überprüfen.

Wenn man sich noch einmal vor Augen führt, was Erleuchtung bedeutet und wie sie geschieht, wird offensichtlich, dass derjenige, der sie erfahren hat, keineswegs zum perfekten Menschen oder Heiligen geworden ist – was auch immer dies bedeuten möge. Er konnte in einem Moment seine Vorstellungen loslassen, das Hier und Jetzt dualitätsfrei annehmen und seiner inneren Wahrheit des Augenblicks sowie ihrem Leuchten in der Tiefe Raum geben. Aber das Leben geht weiter, und die ungelösten Themen und Resonanzen haben sich in dem Moment der Erleuchtung nicht allesamt aufgelöst. Auch ein Erleuchteter bleibt ein Mensch und ist nicht frei von Blockaden und ganz alltäglichen menschlichen Problemen. In jedem Moment kann man neu entscheiden, ob man den Augenblick annimmt oder ob man etwas erreichen will, wie zum Beispiel Erleuchtung.

Der Hauptunterschied zwischen einem Menschen, dessen Zellen heller leuchten, und einem, dessen Zellen nicht leuchten, liegt in seiner Grundhaltung. Aus der Ruhe und dem inneren Frieden, die aus der Erleuchtung hervorgehen, kann er anders mit seinen Problemen umgehen beziehungsweise sie erst gar nicht als Probleme betrachten. Das bedeutet somit nicht, dass man keine Wut oder Angst mehr in sich trägt, sondern dass man all seinen Gefühlen mit mehr Abstand und dadurch mehr Gelassenheit begegnen und sie somit leichter annehmen kann. Jeder Mensch greift in seinem Leben auf seine Erkenntnisse und Erfahrungen zurück. Wenn man sich also einmal so sehr dem Sein hingegeben hat, dass man erleuchtet wurde, dann ist dies eine wertvolle Erfahrung, die einem auch weiterhin zur Verfügung steht. Der

»Leuchtende« kann, wenn er sich auf sein Inneres einlässt, dualitätsfreier sich selbst und alles um sich herum betrachten. Das heißt wiederum nicht, dass er Dualitätsfreiheit lebt, sondern dass er es leichter hat, in einen dualitätsfreieren Zustand hineinzugehen. Für ihn ist es einfacher, ins Loslassen hineinzukommen und eine weitere Erleuchtung zu erfahren, wodurch sich das Zulassen und Integrieren des Leuchtens immer tiefer in den Zellen manifestieren kann. Seitdem ich mir über diese Vorgänge bewusst geworden bin, erkenne ich auch an anderen Menschen die verschiedenen Grade der Erleuchtung, die sich daraus ergeben.

Meine Lehrer lehrten mich einen Weg der Selbstverwirklichung. Auf diesem Weg habe ich meine innere Wahrheit auf immer tieferen Ebenen erkannt. Erleuchtungszustände sind nur die Auswirkung dieser Erkenntnisse, die aus dem tiefen Zustand des einfachen Seins hervorgehen. Erleuchtung ist also nicht das Ziel dieses Weges und auch nicht der Höhepunkt der eigenen Entwicklung.

Um dies zu verdeutlichen, möchte ich einen kleinen Vergleich anstellen. Es gibt Menschen, die Sport machen und trainieren, um abzunehmen oder um Muskeln zu bekommen. Ihre Aufmerksamkeit ist einzig darauf ausgerichtet, dieses Ziel zu erreichen. Andere Menschen wiederum machen Sport, weil sie etwas für ihr körperliches Wohlbefinden tun möchten. Sie richten ihre Aufmerksamkeit darauf, sich wohl zu fühlen. Letztere orientieren sich nicht am Ergebnis, genießen ihren Körper ganz ohne Absicht und können dem, was sie tun, mit

Freude begegnen. Sie können ihren Blick allein auf das Hier und Jetzt richten und sich dem Augenblick widmen. Da sie im Genießen des Augenblicks offen sind für das, was ist, können sie sich ihrem Tun leichter hingeben und sich selbst intensiver im Moment erleben. Sie sehen ihre Entwicklung als Ganzes und nicht nur eine einzige Auswirkung. Nicht die Muskeln oder die Erleuchtung sind das Schöne am Leben, sondern das Genießen der tiefen Zustände, das es mit sich bringt, einfach nur zu sein.

Satsang

Ein Satsang ist das Zusammensein mit einem Erleuchteten – so sagte es eine Bekannte zu mir. Sie meinte, meine Meditationsabende und Vorträge seien doch dann auch ein Satsang, und schaute offen in mein neugieriges Gesicht. Wieder ein neues Wort für etwas, das ich anscheinend schon lange erlebte, aber nicht wusste, wie man es in der spirituellen Szene nannte. Der Erleuchtete spreche über spirituelle Themen und gäbe Antworten auf mehr oder weniger persönliche Fragen, fuhr sie fort. Es ginge darum, der Wahrheit Raum zu geben im Gespräch oder in der Meditation. Das ist doch genau das, was ich tue, dachte ich, und lachend fuhr meine Bekannte fort, dass viele Leute hofften, dass ein Funke vom Erleuchteten überspringe und sie selbst erleuchtet würden.

Der Begriff Satsang, und was dahinter stand, zog mich an und stand in enger Verbindung mit mir und dem, was ich tat. Ich spürte etwas Heilsames und gleichsam Heiliges darin. Während ich mich damit beschäftigte, überlegte ich, was es für mich bedeutete, der Wahrheit Raum zu geben. Bei meinen Meditationen und Vorträgen gebe ich immer dem Raum, was ist, und bin offen für das, was entstehen möchte. Ich befinde mich im Fluss des Augenblicks, bin mit der Wahrheit der Menschen, meiner eigenen und unserer gemeinsamen Wahrheit verbunden, die uns zeigt, warum wir in diesem Moment an diesem Ort zusammen sind. Daraus ergibt sich das Thema, über das ich spreche, oder manchmal ist es auch so, dass es gerade kein Thema gibt, sondern nur das Bei-sich-Sein in Stille. Alles, was also entsteht, entsteht aus der Wahrhaftigkeit des Augenblicks heraus, der ich folge, indem ich die Stimmigkeit spüre, ob zum Beispiel Fragen anstehen oder nicht, ob ich die Leute in ihrer Meditation anleiten sollte oder den ganzen Abend nur sehr wenig spreche. Ganz gleich, was ein solcher Abend mit sich bringt, es geht einzig aus der Wahrheit hervor.

Auch wenn ich Erleuchtung nicht als ein Ziel ansehe, fand ich das mit dem überspringenden Funken gar nicht so abwegig, denn ich wusste, was es bewirkte, wenn ich mit Menschen verbunden war und ihren Gefühlen Raum gab. Dabei fiel mir auf, dass, je weniger Erwartungen und Vorstellungen die Teilnehmer hatten, die Wirkung umso größer war. Einen spirituellen Lehrer suchen Menschen allerdings mit einer bestimmten Erwartung auf. Wenn es bei einem Satsang also darum geht, sich für das Erleben des Augenblicks zu öffnen, dann wäre ein wichtiger Aspekt an einem solchen Abend, seine Vorstellungen und Erwartungen loszulassen. Dann entsteht die innere Bereitschaft, sich auf den Moment einzulassen – ganz gleich, ob er Schmerz, Heilung oder Erleuchtung mit sich bringt.

An meinen Abenden wollte ich die Menschen durch mein eigenes Sein dazu inspirieren, sich der Wahrheit des Augenblicks voll und ganz hinzugeben. Sobald Menschen miteinander in Kontakt kommen, kommunizieren ihre Zellen miteinander. Mein Beitrag zu dieser Kommunikation ist, dass ich mich dafür öffne, die Schwingungen meiner Zellen, in denen meine Erfahrungen enthalten sind, mit den anderen zu teilen. Dies hat nichts mit Geben und Nehmen, sondern einzig mit einer inneren Öffnung zu tun, die eine Kommunikation und ein Lernen auf zellulärer Ebene ermöglicht. Im weitesten Sinne kann man dies als das Überspringen eines Funkens bezeichnen. Aber so wie ein Funke sich nur entflammen kann, wenn er auf etwas trifft, das entflammbar ist, so muss auch der Mensch in einem bestimmten inneren Zustand sein, in dem er offen ist für die Informationen und Erfahrungen des anderen. Vor allem aber muss er bei sich sein.

Ich mochte den Begriff Satsang, denn er beinhaltet, dass sich die Wahrheit im Zusammensein mit anderen Menschen zeigen darf. So kündigte ich meinen ersten offiziellen Satsang an. Allein durch diese neue Bezeichnung meiner Meditationsabende fühlten sich andere Menschen als zuvor angezogen. Sie hatten bereits andere Satsangs besucht und betraten den Raum mit bestimmten Vorstellungen, was sie gerne erreichen wollten.

Kaum hatte ich mich hingesetzt, spürte ich eine sehr starke Energie, die zu mir kam. Ich war verblüfft über ihre Intensität und Kraft, die sich in geballter Form zeigte. Das war nicht meine Energie, so viel war klar, aber wo kam sie her? Als ich mich hineinspürte, nahm ich wahr, wie sehr die Anwesenden ihre Aufmerksamkeit auf mich fokussiert hatten, um an meiner Erleuchtung teilzuhaben, anstatt den Moment in sich selbst wirken zu lassen. In dieser Energie, die von ihnen ausging, lagen all ihre Hoffnungen, Wünsche und Erwartungen an mich. Die Erfahrung zu spüren, wie es sich anfühlt, wenn viele Menschen ihre Energie auf mich ausrichten und ihre Kraft auf mich als Lehrerin übertragen, war beeindruckend. Sie führte mir noch einmal ganz klar vor Augen, dass ich weder Energie geben, aber genauso wenig nehmen möchte.

Das Nehmen und Geben von Energie hat zunächst denselben Ausgangspunkt. In beiden Fällen richten die Menschen ihre Aufmerksamkeit nach außen, denn sie gehen davon aus, sich nicht selbst helfen zu können: Während man beim Nehmen etwas von außen in sich aufnehmen will, womit man Wunden und Blockaden heilen möchte, gibt man beim Geben seine Macht gänzlich nach außen ab, was sich dann in Form dieser starken Energie äußert, die ich spürte. Da die Anwesenden nun also ganz bei mir waren, verloren sie den Kontakt zu sich selbst und gaben mir das, was sie für sich selbst nutzen sollten. Mir wurde erneut bewusst, dass meine Aufgabe darin bestand, den Menschen zu vermitteln, in ihrer eigenen Energie zu bleiben, um in ihre Kraft kommen zu können, denn darin liegt die Zufriedenheit mit sich selbst und den eigenen Möglichkeiten. Keine Energie, die nicht Teil unseres Selbst ist, kann diesen Frieden hervorbringen, denn sich selbst zu leben, ist die Erfüllung, nach der so viele suchen.

Das Erste, was ich nun tat, war, durch die Zentrierung hinein in meine Abgrenzung zu gehen, um diese Kraft, die ich nicht haben wollte, nicht zu mir zu nehmen. Da man in dieser Phase der Zentrierung klar differenzieren kann, welche Energien von außen kommen und welche zu einem selbst gehören, konnte ich die Kraft der anderen jetzt in aller Deutlichkeit spüren. Ich nahm wahr, welche Macht ein Mensch bekommen kann, wenn er diese immense Energie, die andere bereit sind, ihm zu geben, in sich aufnimmt. Gleichzeitig denke ich, dass dieser Vorgang von beiden Seiten oftmals gar nicht bewusst wahrgenommen wird. Die Anwesenden wie auch der Lehrer selbst glauben dann, dass der Lehrer viel größer und stärker ist als die anderen. Er fühlt sich voller Power, tatsächlich stärker als andere und wirkt auch so. Dies bestätigt die Menschen dann wiederum in ihren Hoffnungen und Erwartungen; sie geben ihrem Lehrer weiterhin mehr Aufmerksamkeit als sich selbst, wodurch er jederzeit mit der Energie seiner Schüler versorgt bleibt.

Um die Besucher meines Satsangs aus dieser ungleichen Verteilung der Energien herauszuholen, stand ich auf, ging ans andere Ende des Raums und setzte mich hinter die versammelten Menschen. Ich erzählte, dass ich gespürt hatte, wie alle Aufmerksamkeit auf mich gerichtet gewesen war, dass es jedoch gar nicht um mich ginge, sondern um jeden Einzelnen im Raum. Indem ich ihnen half zu erkennen, dass sie dabei waren, mir von ihrer eigenen Energie zu geben, konnten sie sich öffnen für diese Wahrheit des Augenblicks. Als die Erkenntnis darüber, was tatsächlich passierte, ihre Wirkung zeigte, ging es darum, es auch zu spüren, weshalb ich die Anwesenden in die ersten Phasen der Zentrierung leitete. Von dort aus konnten sie sich auf das Gefühl einlassen, dass sie nicht bei sich gewesen waren und Energie abgegeben hatten. Dies löste in vielen den Impuls aus, sich das Ganze genauer anzuschauen. Also führte ich sie zu den nächsten ReSource-Schritten, um sich noch tiefer dem hinzugeben, was war. Dabei wurden ihnen ihre Erwartungen an das Zusammensein mit einem spirituellen Lehrer und ihre Hoffnungen, die sie damit verbanden, bewusst.

Viele Menschen auf der Suche nach Selbstverwirklichung und Heilung sehnen sich nach jemandem, der ihnen nicht nur Halt und Orientierung auf ihrem Weg, sondern auch Erlösung bietet. Sie suchen auf der einen Seite ein lebendes Vorbild, das ihnen als Beispiel dienen und sie auf der anderen Seite gleichzeitig auch befreien kann aus ihren inneren Konflikten, Kämpfen und Gefühlen, die ihnen unangenehm sind. Die Hoffnung auf Erlösung und die Erwartung, sie von einem anderen Menschen, also von außen zu bekommen, führen dazu, dass Suchende all ihre Aufmerksamkeit und Energie auf einen Lehrer beziehungsweise Guru richten. Er soll alles sein und können, was man selbst nicht ist und kann, damit er die eigenen Hoffnungen so gut wie möglich erfüllen kann.

Um dieses Bild des perfekten Gurus aufrechterhalten zu können, verliert man leicht den klaren und neutralen Blick für den Menschen, von dem man sich so viel erhofft. Sobald sich ein vermeintlicher Makel am Lehrer zeigt, der die erwünschte Erhabenheit schmälern würde, gibt man diesem eine spirituelle Dimension. Wenn der Guru also beispielsweise eine Erkältung hat oder sich das Bein bricht, dann erklärt man sich das vielleicht damit, dass er dadurch die Probleme anderer transformiert oder das Leiden der anderen Menschen nachempfinden möchte. Der Fantasie sind keine Grenzen gesetzt, wenn es darum geht, plausible Erklärungen zu finden, durch die die eigenen Vorstellungen aufrechterhalten werden können.

Ich finde es wichtig, sich dessen bewusst zu sein, dass Probleme zum Leben gehören und wir uns einzig darin unterscheiden, wie wir mit ihnen umgehen. Die eigenen Vorstellungen darüber, wie ein Guru und dessen Leben sind, entspringen dem spirituellen Wertesystem, das man sich aufgebaut hat und das schwer loszulassen ist. Nur aus der Bewertung heraus kann aus der Natürlichkeit eines Schnupfens oder eines Pickels ein Makel werden.

Ein sehr angesehener spiritueller Führer, der Dalai Lama, trägt zum Beispiel eine Brille, weshalb man sich fragen könnte, was er nicht sehen möchte und ob sich hinter seiner Sehschwäche vielleicht eine ungelöste Thematik befindet. Würde dies etwa das schmälern, was er ist, was er lebt und wofür er steht? Ganz gleich, was die Ursache dafür ist, die Brille oder der Schnupfen irgendeines Gurus zeigen nur, dass sie Menschen sind. Ist es nicht sogar schön zu sehen, dass wir alle gleich sind, aber die Wahl haben, was wir aus unserem Weg machen?

Auch ein Guru wird sich mit den Vorstellungen der Menschen beschäftigen, vielleicht sogar versuchen, sie aufrechtzuerhalten. Es könnte eine Versuchung darstellen, sich selbst nicht mehr realistisch zu sehen, wenn man in den Himmel gehoben und noch zusätzlich mit der Energie der Menschen versorgt wird. Damit man in einer realistischen Selbsteinschätzung und somit in seiner Demut bleiben kann, ist es wichtig, sich immer wieder zu überprüfen. Denn der Guru ist für die Menschen ein Vorbild, das sie anstreben. Wenn er ehrlich zu sich ist, dann hat er den Mut zur »Brille«. Er bleibt dann auf dem Boden, zeigt sich, wie er ist, und gibt seinen Anhängern die Möglichkeit zu erkennen, dass das, was er lebt, auch für sie erreichbar ist.

Da jeder Mensch alles in sich trägt, was er braucht, benötigt er keinen perfekten Guru oder Erlöser, sondern einen Begleiter, der den Weg seiner eigenen Selbstverwirklichung gegangen ist. Auf seinem Weg hat dieser Begleiter Höhen und Tiefen durchlebt und vieles in sich lösen können, weil er bereit war, sich seiner Entwicklung voll und ganz hinzugeben. Erkenntnisse allein machen also einen Menschen noch nicht zu einem spirituellen Lehrer, sondern die Tatsache, dass er die Hindernisse selbst überwunden hat, die vielen Menschen auf dem Weg in ihre Kraft und Liebe im Weg stehen.

Auch ein Therapeut kann ein Begleiter sein, aber um wirklich mit sich und der Wahrhaftigkeit konfrontiert zu werden, braucht man einen spirituellen Lehrer. Er hat sein Ego auf verschiedenen Stufen überwunden und kann deshalb dem Suchenden helfen, über sein eigenes Ego hinauszusehen. Dies hilft ihm zu erkennen, wann er festhält an seinen Vorstellungen und Erwartungen, die ihn daran hindern, sich für die Wahrhaftigkeit des

Augenblicks zu öffnen. Indem der spirituelle Lehrer seinen Schüler unmittelbar auf den Einfluss seines Egos auf seine Wahrnehmung und Handlungen hinweisen kann, bewirkt er diesen wichtigen Schritt des Erkennens auf mehreren Ebenen.

Um weitere Schritte gehen zu können, ist es wichtig, dass der Schüler das Vertrauen in sich und sein Potenzial aufbaut, weshalb ein Lehrer vor allem Hilfe zur Selbsthilfe geben sollte, die jedoch im klaren Gegensatz zu den unbewussten Erwartungen des Schülers steht, Erlösung von außen zu finden. Dies erfordert den Mut des Lehrers, denn in vielen Menschen löst dies das Gefühl aus, nicht das zu bekommen, was sie brauchen, und sie wenden sich vielleicht ab von ihrem Lehrer, der ihnen zeigen wollte, wie sie sich selbst erlösen können. Es ist bequemer, Antworten zu bekommen und sich heilen zu lassen, als es selbst zu tun. Deshalb besteht die Aufgabe des Lehrers unter anderem darin, den Schülern zu helfen, sich für ihre inneren Möglichkeiten erst einmal zu öffnen und davon zu kosten, damit sie den wahren Nutzen erspüren können. Dadurch kann der Schüler beginnen, sich in seiner eigenen Kraft zu erleben, und seine Angst überwinden, sein Selbst zu entfalten. Dies bedeutet für das Lehrer-Schüler-Verhältnis, weder Energie vom Lehrer abzuziehen noch ihm die eigene zu übertragen, sondern bei sich zu sein und zu lernen, aus der eigenen Tiefe heraus zu schöpfen.

In dem buddhistischen Weisheitsspruch: »Wenn du Buddha triffst, dann töte ihn«, liegt die Essenz dessen, was ich an dieser Stelle vermitteln möchte. Es gibt keinen Buddha oder Guru, von dem man sich abhängig machen und den man als Erlöser verehren sollte, weil man sich Heilung und Erleuchtung von ihm erhofft. Ein spiritueller Lehrer kann ein Vorbild sein, kann begleiten und leiten, aber nur zu sich selbst. Wenn man Buddha »tötet«, befreit man sich von der Suche im Außen und kann beginnen, diesen Zustand in sich selbst zu verwirklichen.

All diese unterschiedlichen Aspekte sind mit den Erwartungen und den Hoffnungen der Menschen verbunden, die sie an einen Erleuchteten und an ein Zusammensein mit ihm haben. An jenem Abend des Satsangs bot sich für die Anwesenden die Gelegenheit, in ihrem Gewahrsein dafür sacht die eine oder andere Vorstellung zu lösen, und ein tiefer Frieden breitete sich im Raum aus. Jetzt kamen sie in der Essenz des Satsang an – in der Wahrhaftigkeit unseres Zusammenseins, um einfach nur mit sich, in seiner Essenz zu sein.

Dogmen und Traditionen

Meine Auseinandersetzung mit dem Thema Erleuchtung verdeutlichte mir ganz besonders, wie stark man in seinen Überzeugungen beeinflusst ist von allgemeinen Vorstellungen, die man übernommen hat, ohne auf eigene Erfahrungswerte zurückgreifen zu können. Solange man keine Erfahrungen mit beispielsweise der Erleuchtung gemacht hat, ist es verständlich, dass man sich an das hält, was in Büchern überliefert und von Lehrern vermittelt wird. Bücher und Lehrer bieten eine gute Orientierung in der Auseinandersetzung mit nur schwer fassbaren Begriffen. Alle Informationen, die man mit der Zeit auf der Verstandesebene ansammelt, helfen dabei, herauszufinden, was sich hinter diesen Begriffen wie zum Beispiel dem der Erleuchtung verbirgt.

Dabei kann allerdings leicht vergessen werden, dass man spirituelle Zusammenhänge, die man nicht selbst erfahren hat, nur glauben, aber nicht wissen kann. Ich möchte dies betonen, da mir in der spirituellen Bewegung aufgefallen ist, wie schnell manche Menschen aus ihrem theoretischen Wissen heraus darüber urteilen, was richtig und falsch ist. Oft wird nur wenig kritisch hinterfragt und »hinterspürt«, und man möchte das, was man für sich gefunden hat, gerne als unumstößliche Wahrheit ansehen. So baut man sich sein eigenes Weltbild aus zum großen Teil übernommenen Glaubensmustern und Theorien auf und vertritt vehement seine Überzeugungen, die nur schwer wieder losgelassen werden können.

In der Esoterikszene begegnet man einer Fülle an Überzeugungen, Weisheiten und Methoden, über deren Wahrhaftigkeit und wahren Nutzen für das eigene Leben man sich erst einmal bewusst werden sollte. Besonders die fernöstliche Mystik zieht viele Menschen an. Die Ansichten, die in der spirituellen Szene vorherrschen, sind von den religiösen Lehren des Hinduismus und des Buddhismus stark geprägt. Beide verfügen über sehr komplexe und viele verschiedene Strömungen, die sich über Jahrtausende hinweg entwickelt haben. Ihre Weisheiten, Lehren und Methoden wie Reinkarnationstheorien, Yoga und Meditation schwappten in großem Maße während der 70er Jahre des letzten Jahrhunderts und der Hippiebewegung in den Westen. Dies war eine Erweiterung des Horizonts unserer christlich geprägten Kultur, denn Buddhismus wie auch Hinduismus betrachten die spirituellen Zusammenhänge von Leben und Tod aus einer anderen Perspektive, als es die Gläubigen hierzulande getan hatten. Mit ihren Methoden und tiefen Erkenntnissen förderten sie die spirituelle Entwicklung vieler Menschen.

Doch in der Beschäftigung mit welcher Lehre auch

immer erscheint mir vor allem wichtig zu erkennen, dass sie immer nur gefiltert bei jedem einzelnen Menschen ankommen kann. Besonders wenn es sich um sehr alte und traditionsreiche Lehren handelt, sind sie geprägt von Dogmen, also von Glaubenssätzen, die von Generation zu Generation immer wieder neu interpretiert oder übernommen wurden. Ihre ursprüngliche Bedeutung tritt dabei immer weiter in den Hintergrund, da jede Generation ihre eigenen Themen, Interessen und Bedürfnisse hat. Auf diesem langen Weg kann die Essenz einer Lehre verloren gehen. Bei allen heiligen Schriften kann man sich also fragen, wie viel von den ursprünglichen Botschaften bei uns noch ankommt. Wer sich dann nun hier und heute damit auseinandersetzt, lässt automatisch wiederum sein eigenes Wissen, seinen Glauben und seine kulturelle Prägung einfließen in die Art, wie er sie auffasst. Jeder Mensch macht sich sein eigenes Bild der Realität und interpretiert auch Lehren und Weisheiten immer nur seinem Bewusstseinsstand entsprechend.

Was das Erfassen der ursprünglichen Essenz einer Lehre aus einem anderen Kulturkreis erschwert, ist außerdem die Tatsache, dass sie in einer Sprache und in Bildern verfasst ist, die nicht unserer Kultur entspringen, und es somit leicht zu Missverständnissen und Fehlinterpretationen kommen kann. Sie sind aus einem uns fremden Lebensgefühl heraus entstanden, das auf uns rätselhaft, mysteriös und vielleicht gerade deshalb auch anziehend wirken kann. Der indische Guru oder buddhistische Lehrer ist für uns meist umgeben von einer Aura des Exotischen, die auf viele Menschen eine große Faszination ausübt. Wie viel weiß man aber wirklich über die Lebensart, Gebräuche, Rituale, Hierarchien und Machtstrukturen dieser Glaubensrichtungen? Ich beobachte oft eine Räucherstäbchenromantik. Angezogen von einem Bild oder einer Vorstellung, ist eine neutrale und kritische Sichtweise kaum mehr möglich.

Dabei ist interessant zu sehen, dass in dem Moment, in dem man sich von der christlichen Kirche, ihren Heiligen und Ritualen abwandte, man sich ihrer fernöstlichen Entsprechung zuwandte. Aber sind wir nicht emanzipierte und aufgeklärte Menschen, die eigentlich von sich denken, sie seien nicht anfällig dafür, religiöse Glaubensmuster unkritisch anzunehmen? Die Frage ist doch, brauchen wir eine Buddha- oder eine Shiva-Figur, um zu uns zu kommen? Brauchen wir östliche Weisheitssprüche, um besonders fortgeschritten oder weise zu sein?

Auch wenn Hinduismus und Buddhismus eine Bereicherung für unsere Kultur und unsere Entwicklung darstellen, so ist es mir wichtig, auf dem Boden der Tatsachen zu bleiben. Mit nüchternem Verstand lässt sich schnell erkennen, dass es sich mit diesen Religionen genauso verhält wie mit allen anderen Glaubenssystemen. Religionen und Gesellschaften im Allgemeinen stellen immense Systeme dar, in denen Hierarchien und somit auch Machtstrukturen eine große Rolle für deren Aufrechterhaltung spielen. Jeder Gläubige und jedes Mitglied ist dabei ein kleines Rädchen, das sich innerhalb eines Werte- und Glaubenssystems befindet. Damit jedes Rädchen laufen kann, muss darauf geachtet werden, dass es rund läuft und nicht aus den Strukturen ausbricht. Um sich selbst erhalten zu können, sorgt ein System gezielt dafür, dass es auch Elemente enthält, die verhindern, dass das Rädchen die Individualität seiner Persönlichkeit entdeckt und die Freiheit sucht.

Die bisherigen Religionen oder Gesellschaften funktionieren, solange sich alle an die vorgegebenen Richtlinien halten, die festlegen, was richtig oder was falsch ist, was getan werden darf oder nicht. Der Mensch gibt somit einen Teil seiner Urteilskraft und Macht nach außen ab und bekommt dafür die Sicherheit der Zugehörigkeit zu einer Gemeinschaft. Seine Feinfühligkeit und somit die Fähigkeit zu spüren, was wirklich stimmig für ihn selbst ist, wird dabei unterdrückt und nicht als ein inneres Potenzial gefördert.

Das Gefühl der Zugehörigkeit hat etwas Wohltuendes, denn man fühlt sich aufgehoben und findet einen Halt und Anker im Leben Die Angst davor, genau diesen Halt zu verlieren, trägt dazu bei, dass unsere Wahrnehmung all das filtert, was das Wertesystem und somit das eigene Weltbild ins Wanken bringen könnte. Unsere selektive Wahrnehmung sorgt auf diese Weise dafür, dass nur diejenigen Informationen an uns herankommen, durch die unsere Überzeugungen aufrechterhalten werden. Wir lassen also durch religiöse oder gesellschaftliche Wertesysteme unsere Sinne betäuben, um unsere Zugehörigkeit nicht zu verlieren. Dies gilt für große wie für kleine Systeme, denn auch wer sich für revolutionär hält, hat oft ein Wertesystem gegen ein anderes ausgetauscht und lebt somit nicht aus sich selbst heraus, sondern folgt den Richtlinien, die die Gruppe zusammenhalten, zu der er gehört.

Doch gab und gibt es in der Geschichte immer wieder Menschen, die es gewagt haben, sich über die vorherrschenden Glaubenssysteme und Traditionen hinwegzusetzen. Denn wo stünden wir in unserer Entwicklung, wenn die Menschen Dogmen, Wissen und Traditionen immer nur übernommen hätten und im Lauf der Menschheitsgeschichte nichts in Frage gestellt worden wäre? Wenn nie ein Mensch gewagt hätte, über den Tellerrand des vorherrschenden Systems und den dazugehörigen Wissensstand zu blicken, würden wir immer noch glauben, dass die Erde eine Scheibe sei und im Mittelpunkt des Sonnensystems stünde. Ob in der Wissenschaft, der Politik, Religion oder eben auch in der Spiritualität – erst dadurch, dass Menschen wagen, Dinge aus einer neuen Perspektive zu betrachten, können Entwicklungen stattfinden.

In der Entfaltung meiner Medialität habe ich eine Unabhängigkeit und innere Freiheit entwickelt, aus der heraus ich für mich selbst entscheide, was stimmig und wahrhaftig ist. Jeder Mensch kann dies für sich selbst tun, wenn er das Wagnis eingeht, dabei vielleicht auch zu entdecken, dass manch eines seiner Glaubensmuster und manch eine seiner Überzeugungen nicht im Einklang mit seiner inneren Wahrheit stehen. Da dies damit verbunden sein kann, dass sich Zugehörigkeiten lösen, braucht man einen Halt in sich selbst, um dabei nicht den Boden unter den Füßen zu verlieren. Einen Halt, um die Ängste loszulassen, aus denen heraus man an seinem Weltbild und seinen spirituellen Glaubensmustern festhält.

In der Zentrierung kann man bei sich und geerdet

bleiben, auch wenn man das Gefühl hat, weggeschwemmt zu werden. Aus ihr heraus ist es möglich, sich selbst und seine Überzeugungen immer wieder aus einem Abstand heraus zu betrachten. Die Neutralität und Offenheit, die daraus hervorgehen, führen zu einer gesunden und kritischen Auseinandersetzung, durch die neue Erkenntnisse entstehen können. In dieser Offenheit können wir wahrnehmen und erkennen, was wirklich ist – in uns und um uns herum.

Nicht alles, was gesagt und behauptet wird, kann stimmen; nicht alles, was verkauft wird, kann den versprochenen Effekt haben. Das heißt, es geht darum, achtsam zu bleiben, seine Zweifel zuzulassen und sein inneres Gespür zu nutzen, um für sich zu entscheiden, was man glaubt und was nicht. In der Offenheit für die Wahrhaftigkeit finden wir die innere Freiheit, das Eigene wie auch das Andere stehen lassen zu können, ohne darüber zu urteilen. Darin entfaltet sich die Demut unserem eigenen wie auch dem Weg anderer gegenüber.

Licht und Liebe von außen

Das Weltbild eines Menschen ist wie ein Anker, der ihm Halt gibt. Dort, wo er ihn geworfen hat, findet er Orientierung, um sich nicht in der Fülle der Möglichkeiten zu verlieren. Es erfordert Mut, sich zu öffnen und bereit zu sein, den Anker zu lichten und auf eine Reise zu gehen, um sich unvoreingenommen und neutral auf andere Sichtweisen einzulassen. Wer seine inneren Fähigkeiten entdecken, entfalten und nutzen möchte, wird im Zuge seiner Entwicklung immer wieder automatisch manche seiner Sichtweisen in Frage stellen, über Bord werfen oder eine andere heranholen. Dabei geht es um das Erkennen dessen, was ist, also um das Erkennen, was die eine Sichtweise mit sich bringt und was die andere in sich trägt.

Was die eigene Offenheit bewirkt, zeigt sich beispielsweise, wenn man in ein fremdes Land reist. Man hätte es schwer, sich auf die Sitten und Gebräuche der Menschen dort einzulassen und Verständnis für sie aufzubringen, wenn man die Menschen und ihre Lebensweise nur aus der eigenen kulturellen Vorstellung heraus betrachtet. Erst die Offenheit dem Anderen gegenüber und die Bereitschaft, es so neutral wie möglich zu erfassen, ermöglichen es, die Hintergründe des Lebens der Menschen in einer fremden Kultur zu erkennen und somit besser zu verstehen. Man kann das Leben der Menschen dann für sich stehen lassen und einfach nur eine andere Kultur darin erkennen, ohne etwas daran als richtig oder falsch ansehen zu müssen. Auf diese Weise kann man seinen eigenen Horizont erweitern und über sich selbst und seine eigene Kultur reflektieren.

An dieser Stelle möchte ich Sie nochmals dazu einladen, sich dafür zu öffnen, Altbewährtes, was vielleicht über viele Jahre hinweg Gutes bewirkt hat, genauso neutral anzuschauen wie das Neue, um darin neue Möglichkeiten der Entwicklung entdecken zu können. Meine eigenen Beobachtungen in der Esoterikszene zusammenfassend, kann ich sagen, dass sich die Suche nach Licht und Liebe wie ein roter Faden durch die Methoden, Angebote und auch Heilformen zieht. Sie bieten den optimalen Nährboden für die große Sehnsucht, aus der heraus viele Menschen das eigene Heil im Außen suchen. Somit verhindert man es, zurückzukommen in den natürlichen Fluss des eigenen Inneren, und all das, was man im Außen sucht, ganz allein tief in sich selbst zu finden.

Diesen Mechanismus nehme ich in vielen spirituellen Heilmethoden wahr, die darauf basieren, dass Energien benutzt werden, die außerhalb des Systems der Klienten ihren Ursprung haben. Dies zu beobachten, war für mich eine fremde Erfahrung, der ich mich langsam näherte, um sie erfassen zu können. Da meine Geistigen Lehrer mir beibrachten, nur aus meiner eigenen Quelle heraus zu wirken, unterscheidet sich meine Sichtweise des Heilens stark von denjenigen, die hinter Heilformen wie Prana Healing, Reiki oder auch Geistheilung stehen, sowie auch von allen anderen Formen, die ich kennen gelernt habe.

Sie haben eines gemeinsam: Der Heiler öffnet sich für Licht und Liebe, die er durch sich hindurchfließen lässt und an den Klienten weitergibt. Diese Energien werden als hohe Energien angesehen, und sie sollen die niedrigeren, dunkleren Energien einer Problematik, Krankheit oder eines seelischen Schmerzes, die man dann zum Beispiel als Blockade definiert, auflösen. Aus dieser Sicht beinhalten Blockaden also alles, was einen Menschen daran hindert, bei sich zu sein, es gut und schön mit sich zu haben und aus sich selbst heraus zu leben.

Klienten wie auch Heiler bewerten demnach unbewusst Licht und Liebe als etwas Schöneres und Angenehmeres als die Blockade, die geheilt werden soll. Warum sollte auch jemand Energien von außen holen, wenn er sie nicht als etwas Gutes ansehen würde? Und warum sollte jemand eine Blockade oder bestimmte Gefühle loswerden wollen, wenn er sie nicht schlecht fände? Diese Haltung ist die logische Folge des Lebens und Erlebens in Dualität. Heiler und Klient handeln also unbewusst aus der Dualität ihres Wertesystems heraus, indem sie davon ausgehen, dass die Blockade etwas von außen benötigt, das besser ist als das, was sie selbst in sich tragen. Wenn man glauben könnte, dass man selbst in sich das Potenzial besitzt, um sich heilen zu können, bräuchte man keine Energie, die von außen zugefügt wird.

Diese Haltung ähnelt derjenigen, die für die Entstehung der Blockade sorgte. Bereits im Erleben einer verletzenden und schmerzhaften Situation werden die Gefühle, die dabei entstehen, als etwas Unangenehmes bewertet und deshalb verdrängt. Gefühle sind also im menschlichen Wertesystem eingeteilt in solche, die man haben will, und solche, die man ins Unbewusste drängt, weil man sie als unangenehm bewertet. Dort können sie sich jedoch nicht lösen, sondern manifestieren sich an bestimmten Stellen, wo sie dann den Fluss des Lebens blockieren. Dadurch können sie starke Auswirkungen auf die körperliche und psychische Gesundheit eines Menschen haben. Auf unbewusster Ebene bekommt die Blockade auch weiterhin permanent Aufmerksamkeit. Da man die Gefühle, die mit ihr verbunden sind, nicht noch einmal spüren möchte, wendet man viel Energie dafür auf, sie aus seinem bewussten Erleben fernzuhalten. Eine Blockade ist also etwas, das nicht angenommen werden kann und deshalb verdrängt wird.

Solange sie durch Licht und Liebe in eine höhere Energie verwandelt und dadurch gelöst werden soll, bleibt man in dieser bewertenden und verdrängenden Haltung. Aus dieser heraus kann sich die Blockade nicht transformieren, auch wenn sich Licht und Liebe lindernd auf den Schmerz auswirken mögen. So wird es weiterhin Anteile im Inneren geben, die man nicht sehen und spüren möchte. Erst wenn wir aufhören, unsere Blockaden und die damit verbundenen Gefühle zu verdrängen, und wagen, sie vorbehaltlos zu spüren, bekommen sie die Chance, im Fluss zu sein und nichts mehr zu blockieren. Dies kann nicht aus einer bewertenden Haltung und nicht durch Licht und Liebe von außen geschehen, sondern nur aus einer neutralen Haltung heraus – der des Annehmens.

Viele Heilformen werden in der Vorstellung angewandt, dass die universellen Energien wie Licht und Liebe dabei helfen, die Blockade anzunehmen. Wenn man sich vor Augen führt, was Liebe ist, erkennt man, dass sie im Grunde genommen eine vollendete Form des Annehmens ist. Liebe beinhaltet Frieden, Ruhe und Harmonie mit allem in sich und um sich herum. Sie befindet sich nicht dort, wo wir sie im Außen suchen, denn auf der Suche nach ihr sind wir nicht bei uns und auch nicht bereit, den Augenblick anzunehmen. Erst im Annehmen sind wir bereit, uns für unsere innere Liebe zu öffnen und sie fließen zu lassen.

Solange man aber glaubt, universelle Energien zu brauchen, geht man davon aus, dass sie besser seien als der Teil von einem selbst, den man durch sie lösen möchte. Man ist also nicht im Annehmen, in dem sich die innere Liebe entfalten kann, sondern im Loswerden- und Erreichen-Wollen, weil man nicht daran glaubt, selbst die Liebe in sich zu haben, die man für seine Heilung braucht. Da die Energien, die von außen geholt werden, etwas verändern sollen, kann ihr Ursprung keine bedingungslose Liebe sein. Auch wenn man sich sagt, ich hole nur das, was augenblicklich kommen möchte, und das wird schon das Richtige sein, kann es keine Liebe sein, denn man ist nicht in Liebe mit sich und der Situation, wenn man es anders haben will, als es ist.

Die dahinter liegende Haltung ähnelt der Bedürftigkeit der Tarnsauger, der Wesen aus der Geistigen Welt, die von den Energien der Menschen abhängig sind. Auch sie suchen die Aufmerksamkeit aus einer anderen Dimension, weil sie sich etwas davon versprechen. Im Grunde genommen möchte wahrscheinlich jeder gerne unabhängig und in seiner Kraft sein. Aber auf unbewusster Ebene möchte man Hilfe und somit Energie von außen haben. Dies widerspricht jedoch dem bewussten Wunsch, Heilung in sich und aus seiner eigenen Kraft heraus zu finden. Die Erkenntnisse, dass man aus einer Bedürftigkeit heraus handelt und dass man nur durch sich selbst in seine Kraft und Liebe kommen kann, sind erste Schritte aus der Bedürftigkeit. Da sie keine hohe Energie ist und da Gleiches immer Gleiches anzieht, stellt sich zudem die Frage, wie hoch die Schwingung der Energie ist, die in einer Behandlung mit Energien von außen angezogen wird. Was holt man sich heran, und welchen Ursprung haben diese Energien?

In dem Moment, in dem man erkennt, dass es einem schwerfällt, die Liebe in sich zu finden, kann man sich auf seinen besten Lehrmeister besinnen – das Leben. Die Themen, die uns dort begegnen, können uns immer wieder vor Augen führen, dass alles okay ist, wenn wir bereit sind, Abstand dazu zu nehmen und es neutral zu betrachten. Wenn wir es wagen, dann nach innen zu gehen und unsere Resonanz zu den äußeren Geschehnissen anzuschauen, kann uns dies tiefer in unser Inneres hinein zu der Erkenntnis führen, wer wir wirklich sind, und wir können unsere Kraft und Liebe in uns entdecken.

Solange man den Weg in die Neutralität und nach innen meidet, bleibt man in einem Gefühl der Identifikation und der Bedürftigkeit, weil man sich nicht die Möglichkeit gibt, im Inneren das zu finden, wovon man glaubt, es von außen zu brauchen. Daraus entsteht Abhängigkeit – zum einen nach Anerkennung und Liebe und zum anderen nach Hilfe von außen. Man gibt seine eigene Macht an Therapeuten, Berater sowie Heiler ab und verliert dabei das ursprüngliche Ziel seines Weges aus den Augen – sich selbst, seine Kraft und Essenz zu erkennen und zu leben.

InSource

Wir öffnen uns für unsere innere Quelle, Kraft und Liebe, wenn wir bereit sind, allem in unserem Inneren liebevoll zu begegnen, es bedingungslos zu spüren und unser Licht wie auch unsere Schatten anzunehmen. So gelangen wir in den Fluss unseres Seins, in dem es nichts zu verdrängen gibt und auch nichts, was unserer Heilung im Wege stehen würde und wir deshalb durch Energien von außen loswerden müssten. Darin gibt es nur das, was ist und was uns die Möglichkeit zur Heilung bietet. In Wahrheit gibt es kein Problem, das man loswerden muss oder das Licht und Liebe braucht. Wenn man dies glaubt, fokussiert man das Problem und gibt ihm weiterhin seine duale Aufmerksamkeit, in der man es unbewusst loswerden möchte. Was unserer Heilung wirklich im Weg steht, ist also nicht die Blockade oder das Problem, sondern die innere Haltung, in der wir uns und unseren Problemen begegnen.

Solange wir die Blockade in uns verdrängen, damit wir sie nicht spüren müssen, solange wir uns gegen die Gefühle wehren, weil wir sie innerlich bewerten und sie nicht zulassen können, nehmen wir ihnen den Raum zur Bewegung und Veränderung. Indem wir lernen, den verdrängten Gefühlen in uns zu begegnen, sie hervorkommen und stehen zu lassen, geben wir ihnen die Möglichkeit, sich zu wandeln, und folgen ihrem natürlichen Prozess der Transformation, des Annehmens und der Hingabe. Dies ist ein Lernprozess, der aus vielen Schritten besteht, durch die man das Vertrauen in die eigene Kraft entwickelt, die Gefühle bewusst zu erleben und sie zuzulassen, ganz gleich, was sie mit sich bringen.

Über das natürliche Zulassen und Annehmen dessen, was ist, entfernt man sich immer mehr von der Beschäftigung mit seinen Problemen und gleichzeitig aus der Haltung, aus der heraus man sie lösen oder heilen möchte. Indem sie einfach da sein dürfen, gelangt man immer tiefer in den Zustand des Geschehenlassens, der frei ist von Dualität, von richtig oder falsch, gut oder schlecht. Alles darf so sein, wie es ist. Dieses dualitätsfreie Sein in der eigenen Quelle ist die Basis einer neuen Heilform, die ich InSource nenne. Sie unterscheidet sich stark von allen anderen existierenden energetischen Heilmethoden, da sie ganz und gar ohne Energien von außen wirkt, sondern nur durch die innere Quelle des Menschen. Aus ihr gehen die eigene Liebe und Akzeptanz hervor, durch die sich der Mensch selbst heilen kann.

Der Weg in die Einfachheit des Seins

Unsere gemeinsame Reise, zu der ich Sie eingeladen habe, um die Welt mit meinen Augen zu sehen, geht nun langsam zu Ende. Die Entwicklung meiner Medialität hat Sie vielleicht nachempfinden und erkennen lassen, wie tief und klar wir uns selbst und uns gegenseitig begegnen können, wenn wir uns auf unsere Feinfühligkeit besinnen und durch sie die Wahrhaftigkeit spüren und sehen lernen. Viele der Erkenntnisse, die ich auf meinem Weg erlangen durfte, sind Teil des Weges, den ich heute lehre.

Dieser Weg ist für mich ein Teil des kostbaren Wissens, das mir in meiner Geistigen Schule vermittelt wurde. Auf ihm entdecken wir die vielfältigen Ausdrucksformen unserer inneren Kraft. Sie bringt die Bewusstheit darüber mit sich, wer wir sind, was wir können und wie wir unsere Potenziale verwirklichen. Wir kommen in unsere eigene Kraft, wenn wir unsere Aufmerksamkeit und Energie nach innen richten und so bis zu unserem Kern und unserer Quelle gelangen. Dies können wir, wenn wir bei uns bleiben und in Frieden sind mit allem, was der Augenblick für uns bereithält. In seiner Kraft sein, bedeutet für mich, bei sich zu sein, die Klarheit und Freiheit über sich und seine Befindlichkeit zu behalten und sich gleichzeitig in der Tiefe auf sich selbst und seine Gefühle liebevoll einlassen zu können.

Der wichtigste Schritt dabei ist, erst einmal zu erkennen, was der Augenblick mit sich bringt, und zu erspüren, weshalb man sich oder eine Situation verändern will. Dies erfordert das Wagnis, den Schleier seiner Vorstellungen und Bewertungen zu lüften und wahrzunehmen, in welchem Raum man sich derzeit bewegt. Wenn wir dem Weg unserer inneren Wahrheit folgen, sind wir frei von dem Drang, so schnell wie möglich so viel wie möglich erreichen zu wollen. Dann spüren wir, wann es ansteht, aktiv oder geduldig zu sein, sich zurückzuziehen oder konfrontativ zu sein, in unsere Gefühle einzutauchen oder nur die Ruhe in uns zu finden. In dieser Klarheit darüber, was im Augenblick stimmig ist, können wir uns davon lösen, ein Problem loswerden zu wollen. Aus einem Leben im Einklang mit dem eigenen Inneren erwächst das tiefe Vertrauen in die eigene Entwicklung. Im Erreichen-und Loswerden-Wollen befindet man sich im Widerstand gegen das, was ist, und auch gegen das, was ganz natürlich werden will.

Im Unterricht meiner Geistigen Lehrer durfte ich erfahren, wie nachhaltig und tief wir reifen können, wenn wir frei davon sind, spektakuläre Erfahrungen machen zu wollen, und in Verbundenheit bleiben mit unserem inneren Kern. In dieser Verbundenheit mit uns selbst gelangen wir in die Verbundenheit mit allem um uns herum. Wir spüren die Stimmigkeit, die in allem zu finden ist, und folgen so dem Fluss des Lebens, der in die Einfachheit des Seins mündet. Darin eröffnet sich die Möglichkeit der inneren Befreiung von allem, was unserer Kraft und Liebe im Weg steht. Wenn wir uns selbst erkennen, sein lassen und annehmen können, wie wir sind, kann sich unsere wahre Liebe entfalten.

Die Erkenntnisse meines Weges, die ich mit Ihnen teilen möchte, liegen nun in Ihrer Hand. Ich wünsche Ihnen, dass diese Ihren eigenen Weg erhellen und Sie inspirieren, Ihre inneren Möglichkeiten zu entfalten.